Roland Stimpel

In 10 Schritten zum Eigenheim

Roland Stimpel

In 10 Schritten zum Eigenheim

Planen, kaufen, bauen:
Von der Suche bis zur Finanzierung –
Ihr Wegweiser zum eigenen Haus

Linde international

stern

Bibliografische Information Der Deutschen Bibliothek

Die Deutsche Bibliothek verzeichnet diese Publikation in der Deutschen Nationalbibliografie; detaillierte bibliografische Daten sind im Internet über www.d-nb.de abrufbar.

ISBN 978-3-7093-0288-0

Umschlag: *stern* und buero8
Satz: Hannes Strobl, Satz·Grafik·Design, 2620 Neunkirchen

1210 Wien, Scheydgasse 24, Tel.: +43/1/24 630
www.lindeverlag.de
www.lindeverlag.at

Druck: Hans Jentzsch & Co. GmbH., 1210 Wien, Scheydgasse 31
1

Inhalt

Vorwort 9

Kapitel 1: An die Zukunft denken – fürs Haus entscheiden 11
Bauen, kaufen oder Mieter bleiben?
Eine Entscheidungshilfe 12
Weitere Informationen 18

Kapitel 2: Klug rechnen und finanzieren:
Ermitteln Sie Ihren persönlichen Spielraum 19
Finanzierung durch Bank und Bausparkasse 19
Das Eigenkapital: Ohne Ersparnisse geht es nicht 20
Der Bankkredit: So funktioniert's 21
Internet und anderswo: Discount-Kreditvermittler 30
Bausparen: beliebt, aber nicht immer günstig 32
Weitere Informationen 39

Kapitel 3: Staatshilfe nutzen – Was Bund, Länder und
KfW-Bank bieten 41
Wohn-Riester: neues Modell mit Stärken und Tücken 41
KfW-Darlehen: Zinshilfen vom Staat 43
Länderförderung: Kredite der Bundesländer 45
Verkaufserlös: ein stiller Steuervorteil 46
Weitere Informationen 47

Kapitel 4: Haustyp bestimmen und Grundrisse prüfen 48
Vorzüge und Nachteile neuer und gebrauchter Häuser 48
Haustypen: vier Wände – viele Formen 51
Der Grundriss: Räume auf Papier 57
Grundstücke: Spezialfall Erbpacht 58
Weitere Informationen 59

Kapitel 5:	Clever suchen	60
	Nach wie vor am wichtigsten: die Lage	60
	Das richtige Quartier: Auf das Umfeld kommt es an	62
	Standort-Recherchen: Preise, Pläne, Bauvorschriften	63
	Bebauungspläne: Regeln für neue Quartiere	66
	Suchmethoden: Qual und Vergnügen	68
	Bauland-Suche: Gemeinden, Architekten und Bekannte	70
	Das Angebot: Diese Informationen sollten im Exposé stehen	70
	Makler: So sparen Sie Provision	73
	Bestandskauf: richtig auswählen, schätzen und modernisieren	77
	Die Besichtigung: Worauf Sie vor Ort achten müssen	83
	Weitere Informationen	88
Kapitel 6:	Zukunftsfest planen	89
	Strategien für Boom- und Krisenregionen	90
	Energiesparen: Schutz für die Umwelt, Gewinn für Ihr Konto	94
	Sicherheit: Einbrecher bleiben draußen	99
	Fürs Alter planen	101
	Weitere Informationen	102
Kapitel 7:	Sicher kaufen	104
	Der Notar: Was er für Sie tun sollte	104
	Der Kaufvertrag: Klauseln für Ihre Sicherheit	107
	Die Zwangsversteigerung: Chance für Nervenstarke	110
	Weitere Informationen	115
Kapitel 8:	Den richtigen Baupartner finden	116
	Architekten: Individuelle Partner	116
	Baubetreuer: Manager der Handwerker	121
	Generalunternehmer: Festpreis mit möglichen Tücken	122
	Bauträger: alles aus einer Hand	122
	Was in den Bauträger-Vertrag gehört	124
	Fertighaus: Ihr Heim aus der Fabrik	127
	Der Vertrag: Tipps für alle Baupartner	130
	Weitere Informationen	132

Kapitel 9: Klug planen und bauen 135
Materialien: Stein oder Holz? 135
Eigenleistung und Nachbarschaftshilfe: Wann Selbstbau Rabatt bringt 137
Durch gute Planung Kosten sparen 141
Baugenehmigung oder Bauanzeige: Was Sie vom Amt brauchen 143
Baumängel und Abnahme: Was tun bei Pfusch und Pannen? 145
Notwendige Versicherungen für Baustelle und Haus 148
Weitere Informationen 149

Kapitel 10: Entspannt einziehen – das Eigentum pflegen 151
Das Eigentum pflegen: gute Taten fürs Vermögen 153
Weitere Informationen 155

Stichwortverzeichnis 156

Weitere Titel 158

Vorwort

Die Anregung zu diesem Buch stammt aus eigener Erfahrung: Als meine Familie und ich uns ein Haus kauften, haben wir nach einer Website oder einem Buch gesucht, das uns an die Hand nimmt, um gewappnet zu sein für die Gespräche mit Verkäufer, Makler, Bank und Notar. Wir haben ein solches Buch nicht gefunden. Zu viele behandeln lediglich den Aspekt der Finanzierung; der ist wichtig, aber er ist nur einer von vielen. Und wer bei Google versucht, eine Seite zu finden, die unabhängig und umfassend Hilfestellung gibt, wird enttäuscht. Hunderttausende Suchtreffer, aber kein bisschen schlauer.

Dieses Buch aus der seit Jahren etablierten und erfolgreichen *stern*-Ratgeberreihe hilft wirklich weiter: handfest, allgemeinverständlich und mit praktischem Nutzen für alle, die ein Haus kaufen oder bauen wollen. „In 10 Schritten zum Eigenheim“ nennt alle wichtigen Stolperfallen, in die Hauskäufer und -bauer aus Unwissenheit tappen können, und beschreibt, wie man sie umgeht.

Wie man bei der Bank mehr rausschlägt; wie man mit Maklern verhandelt; warum der Bodenrichtwert wichtig ist; worauf man sich beim Notar gefasst machen muss: Auf Fragen wie diese gibt der Ratgeber Antworten. Der *stern*-Ratgeber „In 10 Schritten zum Eigenheim“ – ein Standardwerk für jeden angehenden Eigenheimbesitzer.

Frank Thomsen

Chefredakteur *stern.de*

KAPITEL 1

An die Zukunft denken – fürs Haus entscheiden

Der Bau oder Kauf eines Hauses ist eins der größten Projekte im Leben. Er prägt Ihren Alltag für Jahrzehnte – ähnlich stark wie der Beruf, wie Partnerschaft und Familie. Er hat Einfluss auf Ihr Lebensgefühl, Ihre Finanzlage und Ihren Lebensstandard im Alter. Wer im eigenen Haus lebt, kann seine Wohnwelt viel freier gestalten. Ob es um die Farbe der Badezimmerkacheln geht oder um das Herausreißen einer Trennwand – kein Vermieter mischt sich ein. Erst recht drohen keine Kündigungen oder unerwünschten Modernisierungen. Finanziell erleben die meisten Hauskäufer erst eine Tal- und später eine Bergfahrt: Zunächst investieren sie alle Ersparnisse und wohnen anschließend für längere Zeit deutlich teurer, als wenn sie Mieter geblieben wären. Dafür besitzen sie später mit einiger Wahrscheinlichkeit ein Vermögen von mehreren hunderttausend Euro, wohnen meist besser und bestimmt billiger als Mieter. Und besonders charmant wird es da, wo sich die Lebensqualität mit der Finanzfrage verbindet: Das Haus ist die einzigen Form der Altersvorsorge, die man schon Jahrzehnte vor dem Ruhestand genießen kann – quasi eine spätere Rente mit heutiger Terrasse.

Vor- und Nachteile

Mieter zu sein, kann auf andere Art das Lebensgefühl positiv beeinflussen: Man muss sich um Reparaturen und Werterhalt nicht kümmern. Das Ersparte ist nicht fest im Boden eingemauert. Und wenn man ausziehen will oder muss, klappt das nach der Kündigungsfrist ohne Probleme – kein Haus ist ein Klotz am Bein. Sollten am Kapitalmarkt die Zinsen steigen, stört das Mieter wenig. Bei Eigentümern dagegen kann sich nach fünf, zehn oder fünfzehn Jahren die Kreditrate drastisch erhöhen. Doch die Schulden sind irgendwann abgetragen, während Mieter bis ans Lebensende zahlen müssen.

Mehrheit lebt im Eigentum

Es gibt gute Gründe fürs Kaufen wie fürs Mieten. Und die Deutschen sind gespalten. Einerseits sind gut 60 Prozent der Haushalte Mieter, andererseits lebt eine knappe Mehrheit im Eigentum. Wie das? Unter Mietern ist der Anteil der Alleinstehenden, Alten und Jungen besonders groß; ihre Haushalte sind im Durchschnitt entsprechend klein. Dagegen wohnt eine deutliche Mehrzahl der Familien mit Kindern im eigenen Heim – und damit ein größerer Teil der Menschen als der Haushalte.

Bauen, kaufen oder Mieter bleiben? Eine Entscheidungshilfe

Knappes Angebot

Momentan sind die Verhältnisse eher eigentumsfreundlich. Seit den 1990er Jahren ist der Wohnungsbau drastisch eingebrochen, der von Mehrfamilienhäusern noch stärker als der von Eigenheimen. 2009 gab es einen neuen Minusrekord. Das Angebot wird knapper, vor allem in wirtschaftlich stabilen und erst recht in wachstumsstarken Städten. Hier ist auf mittlere Sicht mit deutlich steigenden Mieten und Hauspreisen zu rechnen. Wer bis dahin gekauft hat, profitiert davon. Wer noch Mieter ist, stöhnt.

Zwar sind die Staatshilfen für Bau und Kauf derzeit mager. Doch diese sollten ohnehin nicht der entscheidende Faktor für die Entscheidung sein, ob Sie kaufen oder Mieter bleiben. Da gibt es andere, bedeutsamere Gründe: Wohngefühl und künftige Wohnkosten. Doch immer wieder hört und liest man kritische Stimmen, die von Hausbau und -kauf abraten. Ihre Argumente untersucht der nächste Abschnitt.

Acht mögliche Einwände gegen den Kauf eines Hauses

• *Die Rate für den Bankkredit ist meist höher als die Miete*

Wer mietet, zahlt anfangs jeden Monat spürbar weniger als jemand, der ein vergleichbares Haus oder eine Wohnung erwirbt. Aber für beide ändern sich die Summen im Laufe der Zeit: Mieten können nach dem Gesetz alle drei Jahre um 20 Prozent steigen, Kreditraten je nach Vertrag alle fünf, zehn oder fünfzehn Jahre. Auf lange Sicht können die Mieten doppelt so hoch sein wie heute, während die Raten des bezahlten Hauses auf Null sinken.

• *Als Mieter kann man so viel Geld sparen, dass man mit gleichem Einsatz am Ende reicher ist als ein Käufer*

Es gibt Dutzende von Rechnungen, die die Vermögensentwicklung von Mietern und Hauseigentümern vergleichen. Jede hat ein anderes Ergebnis – und dieses hängt auffällig stark davon ab, wer die Kalkulation beauftragt hat: Waren es Vermieter- oder Mieterverbände, lohnt der Kauf eher nicht. Waren es Bausparkassen und Fertighausanbieter, dann rentiert sich der Hausbau immer. Das Fazit: Mit solchen Vergleichsrechnungen kann man alles beweisen. Oder, wie Winston Churchill sarkastisch meinte: „Ich glaube nur an die Statistiken, die ich selbst gefälscht habe.“

Prognosen

Dreist fälschen tut hier keiner. Aber es geht immer um Prognosen, und da schraubt jeder an den Zahlen, wie es ihm genehm ist: Bei den Mietfreunden bleiben Mieten und Immobilienwerte niedrig, dagegen sind die Kreditzinsen eher hoch. Bei den Förderern des Wohneigentums ist es umgekehrt. Doch in der Realität haben meist beide Seiten Unrecht. Denn beide unterstellen etwas, das in Wirklichkeit fast nie vorkommt: dass sich Mieter und Eigentümer gleich verhalten. Sie nehmen an, dass der Mieter das, was er fürs Wohnen weniger ausgibt, stets in den Sparstrumpf steckt. Nach aller Lebenserfahrung stimmt das aber nicht: Das beim Wohnen Ersparte wird eher ausgegeben als beiseite gelegt. Zudem ist Geldvermögen stärker von Kurseinbrüchen und Schuldnerpleiten bedroht als Immobilienvermögen, wie die jüngste Finanzkrise deutlich gezeigt hat.

Mehr Geld im Alter

In Wirklichkeit geht es meist so zu: Eigentümer zahlen jahrzehntelang ihren Kredit ab. Irgendwann haben sie es geschafft – mal fünf, mal fünfzehn Jahre vor der Rente. Dann steht plötzlich jeden Monat eine beträchtliche Geldsumme zusätzlich zur Verfügung – sagen wir, 600 Euro. Von diesem Geld geben Eigentümer aller Erfahrung nach nur einen Teil aus; den anderen sparen sie. Damit erklärt sich, dass Immobilieneigentümer nach einschlägigen Vergleichsstudien mit etwa 60 Jahren nicht nur ein Immobilienvermögen haben, das Mieter nicht besitzen, sondern dass auf ihrem Konto darüber hinaus im Durchschnitt auch noch zigtausende Euro mehr liegen als auf dem von Mietern, die gleich viel verdienten wie sie selbst.

- *Die Deutschen sterben aus, darum haben wir bald Häuser und Wohnungen im Überfluss*

Aussterben tun wir nicht, aber wir werden weniger. Das aber nur allmählich über viele Jahrzehnte. Und zugleich werden die einzelnen Haushalte immer kleiner – wegen der vielen allein lebenden Alten und der Individualisierung der Jüngeren. Wenn die Haushalte im Durchschnitt kleiner werden, gibt es mehr von ihnen. Noch bis ungefähr 2030 dürfte die Zahl der Haushalte schneller wachsen, als die Zahl der Menschen schrumpft. Erst danach wird die Anzahl der nachgefragten Wohnungen allmählich zurückgehen.

Druck auf dem Wohnungsmarkt

Allerdings gibt es noch einen dritten Effekt: Wir konsumieren immer mehr Wohnfläche. Nach dem Krieg verfügte jeder Westdeutsche im Schnitt über karge 12 Quadratmeter, nach dem ersten Aufbauboom über 25 – und heute hat jeder 40 Quadratmeter. Die Ostdeutschen haben rasant aufgeholt, von 26 Quadratmetern 1990 auf mehr als 36 Quadratmeter heute. Und der Wunsch nach mehr Fläche hält an. Auch das befördert den Druck auf dem Wohnungsmarkt.

Hinzu kommt eine vierte Erscheinung, deren Größe derzeit noch unbekannt ist: die künftige Einwanderung. Die Massenarbeitslosigkeit von heute wird in Arbeitskräftemangel umschlagen, wenn der Anteil der Alten immer größer wird. Die Jüngeren, die dann hier leben, werden die anfallende Arbeit nicht mehr schaffen. Neue Menschen braucht das Land, und die benötigen Häuser und Wohnungen. Davon entstehen zu wenige: Der Neubau entspricht nicht einmal einem halben Prozent der schon vorhandenen Wohnungen. Zugleich gilt die Faustregel: Jedes Jahr verschwindet still und leise etwa ein Prozent der Wohnungen vom Markt. Meist nicht durch spektakuläre Abrisse, sondern indem kleinere Wohnungen zusammengelegt, schlechte nicht mehr vermietet, andere in Büros verwandelt oder zu Zweitwohnung gemacht und dann nur noch gelegentlich genutzt werden. Mehr Haushalte, zugleich weniger Wohnungen: So entsteht Mangel.

Einwanderung

- *Die Zeiten sind zum Bauen oder Kaufen viel zu unsicher*

Irgendwelche Ungewissheiten gibt es immer. Aber wenn nicht gerade der eigene Job auf der Kippe steht, spricht oft gerade diese Unsicherheit fürs Bauen und Kaufen. Denn in wirtschaftlichen Wackelphasen sind die Preise eher niedrig. Ebenso die Zinsen: Sie rutschten in der jüngsten Wirtschaftskrise so tief wie nie seit Kaiser Wilhelms Zeiten. Und bei aller Ungewissheit sind in den kommenden Jahren zwei Entwicklungen denkbar, die heutige Käufer erfreuen: entweder schwaches Wachstum auf längere Zeit oder ein Boom mit verschärfter Inflation. Erholt sich die Wirtschaft kaum und bleiben die Zinsen niedrig, dann ist eigenes Geld in der Immobilie gut angelegt und jenes der Bank kostet wenig Zinsen. Oder es kommen steigende Preise, Mieten und Zinsen. Dann ist es gut, vorher gekauft zu haben: Man kann dem Klettern der Mieten entspannt zugucken und dem der Hauspreise sogar erfreut, denn damit steigt der Wert des selbst bewohnten Vermögens.

Erfreuliche Aussichten

- *Heutzutage weiß kaum noch jemand, wie und wo er in zehn Jahren lebt*

Ein in näherer Zukunft möglicher Umbruch im Leben ist ein starkes Argument, Mieter zu bleiben – etwa ein Umzug, drohender Jobverlust oder unklare Perspektiven im Familienleben.

Zeithorizont

Doch schon bei einem Zeithorizont von zehn Jahren kann sich der Kauf eines Hauses lohnen. Wird irgendwann doch ein Umzug nötig, ist ein Teil des Kredits abbezahlt und von einem gut gewählten Haus auch die Preise gestiegen. Dann bleibt selbst nach Abzahlen der restlichen Schulden eine hübsche Summe übrig, die den Neuanfang versüßt.

- *Mit Schrottimmobilien haben sich schon viele ruiniert*

Das stimmt. Aber die meisten waren Käufer vermieteter Wohnungen, die sich nicht einmal die Mühe einer Besichtigung gemacht hatten. Mit Eigenheimen hatten meist diejenigen Bauherren und Erwerber Pech, die sich gegen Verkäuferpleiten und Mängel nicht richtig abgesichert hatten.

- *Eigentum ist spießig und ein Klotz am Bein*

Wir sind im Reich des Geschmacks: Was ist eigentlich spießig? Ist Eigentum spießig oder ist es die Angst davor? Ist es spießig, irgendwann weniger Geld fürs Lebensnotwendige zu brauchen. Oder zwingt es zu spießiger Streberei, wegen der hohen Miete mehr zu benötigen? Ist es spießiger, Herr im eigenen Haus oder vom Vermieter abhängig zu sein? Schließlich der Klotz am Bein: Welcher ist auf Dauer größer – der einer eigenen Immobilie, die man wenn nötig auch vermieten oder verkaufen kann, oder der Klotz einer lebenslangen Mietzahlung?

- *Mein Geld ist zu fest gebunden*

Geringe Spontanität

Spontane Entscheidungen für den Neuwagen, den schicken Urlaub oder ein paar Monate Auszeit vom Job sind für frischgebackene Hauseigentümer in der Tat meist nicht drin. Und bei einem heißen Aktientipp haben sie eher kein anlagebereites Geld auf dem Konto. Aber beides ist auf längere Sicht von Vorteil: Das verkonsumierte Geld ist mit Sicherheit weg, das riskant investierte wahrscheinlich auch. Schon über solidere

Geldanlagen sagt der Investoren-Volksmund: „Hin und her macht die Taschen leer." Umgekehrt gilt: Ist das Geld buchstäblich immobil, bleiben die Taschen voll.

Mieter- oder Eigentümer? Machen Sie den Test.
Kreuzen Sie jeweils links oder rechts an:

	Ich will heute niedrige Wohnkosten	Ich will auf lange Sicht niedrige Wohnkosten	
	Geld ist zum Ausgeben da	Sparen ist wichtig	
	Das größte Risiko ist, das Leben zu verpassen	Das größte Risiko besteht darin, nicht vorzusorgen	
	Vielleicht ziehe ich bald in eine andere Stadt	Ich bleibe wohl länger an diesem Ort	
	Meinen Job könnte ich rasch los sein	Mein Job ist einigermaßen sicher	
	An mein Erspartes will ich bei Bedarf problemlos heran	Mein Geld darf festliegen – Hauptsache, es ist gut investiert	
	Meine Stadt oder Region schrumpft; viele ziehen weg	Meine Stadt oder Region wächst oder die Wirtschaft bleibt stabil	

Wenn Sie überwiegend links angekreuzt haben, sollten Sie Mieter bleiben. Wenn Sie vorwiegend rechts Ihre Kreuze gemacht haben, sollten Sie über Wohneigentum nachdenken.

Das Fazit: Langfristig-Planer kaufen, Spontane bleiben Mieter

Die acht Einwände gegen den Hauskauf zeigen bei näherer Betrachtung vor allem eins: Die Antwort auf die Frage „Mieten oder kaufen?" hängt vor allem vom Zeithorizont ab. Wer in seinem Leben gerade auf ganz kurze Sicht fahren will oder muss, ist als Mieter besser dran. Wer aber längere Zeitperspektiven hat, steht sich als Eigentümer in aller Regel besser – auf dem Konto, bei Lebensgenuss, Freiheit und persönlicher Sicherheit.

Persönliche Vorlieben

Was den Ausschlag gibt, hängt von den persönlichen Vorlieben ab: Wer sein Glück vor allem im Hier und Jetzt sucht und mehr Spontaneität will, bleibt besser Mieter. Wer dagegen auf längere Sicht eine Grundlage für sein Glück und seine Unabhängigkeit schaffen will, der baut oder kauft.

Weitere Informationen

Informationen zu Immobilienpreisen und -märkten finden Sie:

• **Plötz Immobilienführer Deutschland** (jährlich neu, Preis 2010: 45 €) 120 Städte mit detaillierten Marktporträts inklusive Haus- und Grundstückspreisen

Regionale Plötz Immobilienführer für große Ballungsräume (in den wichtigsten Städten straßengenau)

Immobilien Manager Verlag IMV GmbH & Co. KG
Stolberger Straße 84, 50933 Köln
Tel. 0221/5497-131
Fax 0221/5497-6131
E-Mail: imv@immobilienmanager.de
www.immobilienmanager.de → plötzimmobilienführer

• **Preisspiegel Wohnen des Immobilienverbands Deutschland**
(Daten für 390 Städte, Preis Ausgabe 2009/2010: 95 €)
www.ivd-webshop.net → IVD-Wohnpreisspiegel

• **Marktübersicht der Landesbausparkassen** für 650 Städte
www.lbs.de/west → Service → Infomaterial → Broschüren → Markt für Wohnimmobilien

• **Mietspiegel deutscher Städte**
www.mietspiegelportal.de

KAPITEL 2

Klug rechnen und finanzieren: Ermitteln Sie Ihren persönlichen Spielraum

Was ist das Teuerste am Eigenheim – Grundstück, Rohbau oder Ausstattung? Nichts davon: Das Teuerste ist das Geld, das fast jeder Hauskäufer von einer Bank, Bausparkasse oder Versicherung leihen muss. Wer ein 200.000-Euro-Darlehen zu fünf Prozent Zins bekommt und in immer gleichen Monatsraten von 1.000 Euro abbezahlt, ist am Ende nicht 200.000 Euro los, sondern hat weit mehr als das Doppelte bezahlt – gut 440.000, davon 240.000 Euro Zinsen.

Finanzierung durch Bank und Bausparkasse

Hohe Zinsen

Muss das sein? Die schlichte Antwort für jeden, der nicht extrem viel verdient, nicht im Lotto gewonnen oder geerbt hat, lautet: ja, es muss. Die hohen Zinsen sind der Preis dafür, dass man beim Bau oder Kauf eines Hauses eine immense Summe Geld geliehen bekommt. Und die Geldgeber – letztlich Sparer, die ihr Vermögen zur Bank getragen haben – wollen sich mit dem Zins gegen Inflation und eine mögliche Schuldnerpleite versichern sowie dafür entlohnen, dass sie jahre- und jahrzehntelang auf den Konsum ihres Vermögens verzichten.

Für Sie als Kreditnehmer ist die Sache jedoch nicht so wild, wie sie klingt. Ihre Zahlung verteilt sich über einen langen Zeitraum – im Extremfall über 30 Jahre. Sie zahlen keine Miete; diese würde eine ähnliche Größenordnung erreichen. Und auch wenn Sie in all der Zeit jeden Monat die gleiche Summe an die Bank abführen, wird diese faktisch immer kleiner: Erstens verringert die Inflation das Gewicht von Schulden – einer ihrer wenigen Vorteile. Zweitens geht bei einer üblichen Finanzierung ein immer geringerer Anteil des Geldes für den Zins drauf, statt dessen ein immer größerer für die Tilgung, was für Sie günstig ist: Sie sparen Zins – und was Sie an Geldvermögen weniger haben, haben Sie auch an Schulden weniger, also an Netto-Immobilienvermögen mehr (siehe Übersicht Seite 22).

Finanzierung

Dennoch steht und fällt der wirtschaftliche Erfolg jedes Hausprojekts mit der richtigen Finanzierung. Ein paar Ziffern hinter dem Komma können mehr Einfluss auf Ihre Gesamtkosten haben, als die Differenz zwischen Luxus und spartanischer Ausstattung ausmacht. Eine gründliche Finanzanalyse gehört daher in die Anfangsphase jedes Bau- oder Kaufvorhabens. Bei der Analyse geht es vor allem um die Frage, wie viel das Objekt der Träume höchstens kosten darf. Hierfür gibt es zwei Größen, die Sie beachten müssen: erstens Ihr Eigenkapital, zweitens die maximale monatliche Rate.

Das Eigenkapital: Ohne Ersparnisse geht es nicht

Zwanzig Prozent

Ein gewisses Eigenkapital wird von den Banken für die Gewährung eines Kredits verlangt. 20 Prozent der Gesamtkosten müssen es in der Regel sein. Wenn Sie also 40.000 Euro auf der hohen Kante haben, darf das Haus 200.000 – nein, es darf höchstens 190.000 Euro kosten. Denn zum Erwerbspreis kommen noch mindestens fünf Prozent Nebenkosten. Mehr dazu in Kapitel 7.

Eigenkapital: Was alles dazu gehört

- Vermögen auf Bankkonten, in Depots und in bar
- Bausparguthaben
- Schuldenfreie Grundstücke
- Riester-Guthaben (bei Finanzierung per Wohn-Riester, siehe Kapitel 3)
- Unterstützung und Darlehen von Verwandten und Arbeitgebern
- ggf. Muskelhypothek – Wert des geplanten eigenen Arbeitseinsatzes (siehe Kapitel 9)

Darlehen

Für die Bank ist letztlich nicht wichtig, worin das Eigenkapital ihres Kreditnehmers besteht. Die Hauptsache für das Geldinstitut: Das Darlehen liegt deutlich unter dem Marktwert der geplanten Immobilie. Denn nur dann kann die Bank damit rechnen, dass sie im Fall einer Zwangsversteigerung ihr verliehenes Geld zurück bekommt. Um die Höhe des gewährten Bankkredits realistisch einzuschätzen, müssen Bauherren und Käufer also alles zusammenrechnen, was sie an Werten ins Haus stecken können, und dies nach der 20-Prozent-Faustregel mit fünf multiplizieren.

Der Bankkredit: So funktioniert's

Kern fast jeder Immobilien-Finanzierung ist das Immobiliendarlehen einer Bank – auch wenn Sie das Geld manchmal nicht direkt von ihr erhalten, sondern über einen Kreditvermittler. Das **Standard-Darlehen** ist nach folgenden **Prinzipien** aufgebaut:

- Die Zinshöhe ist für eine bestimmte Zeit festgelegt – zum Beispiel für fünf, zehn oder fünfzehn Jahre (Zinsbindung).
- In diesem Zeitraum zahlen Sie gleichbleibende Monatsraten. Die Raten bestehen aus dem Zins, der anfangs fällig ist, sowie einem Tilgungsbeitrag, der ebenfalls zu Beginn festgelegt wird.

Annuitätendarlehen

Als **Beispiel** nehmen wir ein Darlehen über 100.000 Euro. Ein Zins von fünf Prozent entspricht hier im Jahr 5.000 Euro. Eine festgelegte Tilgung von typischerweise einem Prozent des Anfangsdarlehens beträgt 1.000 Euro. 6.000 Euro gehen pro Jahr zur Bank – und damit 500 Euro pro Monat. Einen solchen Kredit bezeichnet man als Annuitätendarlehen („Annuitäten" bedeutet „gleich hohe Raten"). Dabei verringern sich durch die Tilgung allmählich Ihre Schulden – also auch der Zins, den Sie dafür zahlen müssen. Ihre Rate bleibt aber gleich. Auf diese Weise beschleunigt sich die Tilgung im Lauf der Jahre immer stärker (siehe untenstehende Tabelle).

ÜBERSICHT

Wie viel Sie jeden Monat für Zinsen und Entschuldung zahlen *

Jahr	Zins (in Euro)	Tilgung (in Euro)
1	500	250
2	490	260
3	480	270
4	470	280
5	459	291
6	448	302
7	436	314
8	424	326
9	411	339
10	398	352
11	385	365
12	371	379
13	356	394
14	341	409
15	325	425
16	309	441
17	292	458
18	274	476
19	256	494
20	237	513
21	217	533
22	196	554
23	175	575
24	153	597
25	130	620
26	106	644
27	81	669
28	55	695
29	29	721
30	1	749

* 150.000 € Anfangsdarlehen, Zins 4 Prozent, Anfangstilgung 2 Prozent

Wenn die Zeit der Zinsbindung vorbei ist, wird der Kredit in der Regel verlängert. Es gelten die dann aktuellen Zinssätze. Diese können niedriger, aber auch deutlich höher sein als die bisherigen – und mit ihnen die Monatsraten.

So errechnen Sie die monatliche Kreditrate

Zweiter begrenzender Faktor für Ihren Kredit ist die monatliche Rate. Sie darf natürlich nur so hoch sein, dass Sie sie von Ihrem Einkommen zahlen können, ohne zu darben. Wenn der Betrag, den Sie nach untenstehender Formel errechnen, in Ihrem Budget nicht drin ist, platzt der Traum von diesem Haus (schade, aber immer noch besser vorher, als wenn Sie nach dem Kauf die Raten nicht aufbringen können).

GUT ZU WISSEN

So errechnen Sie die monatliche Kreditrate (bei minimaler Anfangstilgung)

$$\frac{\text{Kredithöhe x Zinssatz + 1\% der Kreditsumme}}{12} = \text{Kreditrate}$$

Beispiel: Kredithöhe 150.000 €, Zinssatz 5 %

$$\frac{150.000 \times 0{,}05 + 1500}{12} = 750\ €$$

In diesem Beispiel muss der Kreditnehmer also in der Lage sein, eine monatliche Rate von 750 € aufzubringen.

Natürlich können Sie sich eine höhere Rate leisten, wenn Sie Ihren Konsum einschränken – wenn Sie zum Beispiel in den nächsten Jahren Ihre Ferien im eigenen Garten verbringen statt auf Mallorca. Aber Sie sollten hier nicht zu knapp kalkulieren, denn bei den Auslagen kann es immer Überraschungen geben – etwa wenn die Heizkosten explodieren oder Ihr neues Haus etwas abseits steht und Ihre Familie plötzlich ein zusätzliches Auto benötigt.

Ratenzahlung

In der folgenden Tabelle sehen Sie auf einen Blick, wie viel Kredit Sie sich leisten können. Ermitteln Sie zunächst den maximalen Betrag, den Sie im Monat für die Ratenzahlung aufwenden können, anschließend den aktuellen Zinssatz. Informationen dazu finden Sie zum Beispiel in Baufinanzierungs-Angeboten von Banken im Internet, etwa unter www.vergleich.de Finanzierung → Baufinanzierung. Schlagen Sie auf den niedrigsten angebotenen Satz vorsichtshalber 0,5 Prozent drauf; die günstigsten Angebote gelten meist nur für aus Bankensicht extrem solide Kunden. Die folgende Tabelle zeigt, wie hoch Ihr Darlehen bei den für Sie leistbaren Raten und Zinsen höchstens sein darf:

ÜBERSICHT

So viel Kredit ist höchstens drin

Zins in Prozent Ihre maximale Kreditrate (Monat)	3,5	4	4,5	5
500	133.333	120.000	109.091	100.000
750	200.000	180.000	163.636	150.000
1.000	266.667	240.000	218.182	200.000
1.250	333.333	300.000	272.727	250.000

(1 % jährliche Anfangstilgung)

Ein **Beispiel**: Wer 1.000 Euro monatlich zur Verfügung hat, kann sich bei einem Zinssatz von fünf Prozent bis zu 200.000 Euro von der Bank leihen.

Entscheidend für den maximal möglichen Hauspreis ist am Ende die niedrigere der beiden Grenzen, die sich durch Ihr Eigenkapital und die für Sie bezahlbare Höchstrate ergeben. Das

Erkennen der Grenze kann zunächst frustrierend sein – doch haben Sie damit die Sicherheit, dass sich Ihr Hausprojekt finanziell trägt.

Ihre persönliche Preiskalkulation

Kapital

Geldvermögen . . . .
+ mögliche Hilfen und Privatdarlehen . . . .
+ Grundstücke . . . .
+ evtl. Riester-Vermögen . . . .
+ mögliche Eigenleistung (Muskelhypothek)
= **Eigenkapital** . . . .

Einkommen

Monatseinkommen netto . . . .
– ständige Ausgaben . . . .
– Ausgaben für die künftige Immobilie (Instandhaltung, Pflege, Heizung, evtl. Zusatzkosten für Verkehr usw . . . .
= **maximale Monatsrate für Kredit** . . . .

$$\frac{\text{maximale Monatsrate x 1200}}{(\text{Zinssatz in \% + 1})} = \text{maximale Kredithöhe}$$

Ihr maximal möglicher Preis (inklusive Kauf, Nebenkosten, bei Neubau Erschließung und Außenanlagen; bei Bestandskauf Reparatur, Umbau, Modernisierung)

- entweder Eigenkapital x 5 (Faustregel) . . . .
- oder Eigenkapital + maximaler Kredit . . . .

Der niedrigere der beiden Werte zeigt, wie viel Ihr neues Heim maximal kosten darf (Erwerbs- und Baukosten).

Soweit die Grundlagen – jetzt zur entscheidenden Größe für Sie: den immensen Zinskosten. Um die kommen Sie nicht herum, aber Sie können sie doch oft ein Stück weit senken.

TIPP

So können Sie Ihre Zinsen senken

1. Akzeptieren Sie nicht gleich das Angebot Ihrer Stammbank, sondern erkundigen Sie sich bei verschiedenen Instituten. Das günstigste Angebot zeigen Sie schließlich Ihrer vertrauten Bank. Diese kommt Ihnen womöglich entgegen, bevor Sie ihr finanzierungsuntreu werden.
2. Stellen Sie Kreditanträge bei Finanzierungsvermittlern und Discount-Banken, die im Internet leicht zu finden sind (mehr auf Seite 39).
3. Sehen Sie sich die Konditionen der Banken genau an. So bekommen Sie zum Beispiel bessere Zinsen, wenn Ihr Kredit nicht 80, sondern nur 60 Prozent des Immobilienwerts betragen soll. Ebenso, wenn die Kreditsumme wächst – oft werden Darlehen zum Beispiel ab 100.000 Euro etwas billiger. Natürlich können Sie Kreditsumme und Eigenkapital kurzfristig nur wenig beeinflussen. Aber manchmal kommen Sie damit doch über eine Grenze, hinter der die Zinsen niedriger sind.
4. Vereinbaren Sie eine höhere Anfangstilgung als das übliche eine Prozent des Darlehens. Einige Banken geben für „Schnelltilgungen" einen kleinen Zinsnachlass. Sie müssen jedoch sicher sein, dass Sie sich die höheren Raten über längere Zeit leisten können.
5. Vereinbaren Sie mit der Bank eine relativ kurze Zinsbindung für das Darlehen. Zum Beispiel fünf statt zehn Jahre. Auf diese Weise können Sie zunächst am meisten Geld sparen: Ein 150.000-Euro-Kredit mit fünfjähriger Bindung kann im Monat über 100 Euro weniger kosten als einer mit fünfzehn Jahren Bindung. Und sollten Sie das Haus vorzeitig verkaufen, kommen Sie meist besser aus dem Kredit heraus als bei längerer Laufzeit. Falls Sie zwischendurch zu Geld kommen, zum Beispiel durch Erbschaft oder ein gestiegenes Einkommen, können Sie damit nach Ablauf der fünf Jahre einen Teil Ihrer Schulden tilgen und so weitere Zinsen sparen.

Eine kurze Zinsbindung kostet weniger – aber eine längere hat andere Vorteile: Sie kennen Ihre Kosten. Und diese können so schnell nicht steigen. Gerade heute hat das Charme: Die Zinsen sind gegenwärtig aufgrund der weltweiten Wirtschaftskrise noch niedrig. Doch die meisten Experten rechneten für die nächsten Jahre mit Inflation. Wenn diese Prognose eintrifft, steigen auch die Zinsen. Wenn Sie sich aber die heutigen günstigen Konditionen für längere Zeit gesichert haben, sind Sie der König unter den Finanzierern. Dagegen kann es bei kurzer Zinsbindung sein, dass Sie nach fünf Jahren plötzlich nicht 500 Euro im Monat zahlen, sondern im Extremfall mehr als das Doppelte. So etwas hat Hauseigentümern mit knappem Budget schon den Hals gebrochen. Fünf Jahre Zinsbindung sollten Sie also nur riskieren, wenn Sie danach voraussichtlich finanziellen Spielraum haben.

Günstige Konditionen

Beim Vergleich von Kreditangeboten sollten Sie sich nie am **Nominalzins** (Zins, den Sie jährlich auf Ihr Darlehen zahlen müssen), sondern immer nach dem **Effektivzins** (enthält zusätzlich die Bearbeitungs- und Vermittlungsgebühren der Kreditinstitute) orientieren; dieser gibt die Geldkosten realistischer wieder. Aber auch er weist nicht alle Kosten aus. Hinzukommen können zum Beispiel noch Schätzkosten, Bereitstellungskosten, wenn Sie den Kredit nicht gleich abrufen, oder Zuschläge für die Auszahlung einzelner Teilbeträge.

Versuchen Sie stets, den Kredit so niedrig wie möglich zu halten, um teure Zinsen zu sparen. Anfangs sollten Sie, um dies zu erreichen, möglichst viel Eigenkapital einsetzen. Danach muss das Ziel sein, zu tilgen, so rasch Sie können. Wenn Ihr finanzieller Spielraum groß genug ist, vereinbaren Sie mit der Bank statt einer Anfangstilgung von jährlich einem Prozent besser zwei Prozent – und wenn es geht drei. Sie können auf diese Weise 15 Jahre eher schuldenfrei sein als mit einer niedrigen Bummel-Tilgung! Lassen Sie sich – wenn möglich – auch das Recht auf Sondertilgungen einräumen. Bei Auslauf der Zinsbindung nach fünf, zehn oder fünfzehn Jahren nehmen Sie wiederum Ihr gesamtes Eigenkapital und mindern damit Ihre Schulden. Es ist eine Binsenweisheit, aber viele Hauskäufer berücksichtigen sie nicht: Die wenigsten Zinsen zahlt immer der, der die wenigsten Schulden hat.

Rasche Tilgung

Klug verhandeln mit der Bank: Das sollten Sie wissen

Einnahmen und Ausgaben

Bevor Sie mit der Bank über ein Darlehen verhandeln, bereiten Sie sich gut vor. Listen Sie zunächst alle denkbaren Eigenkapitalquellen auf und fügen Sie möglichst Belege bei. Erstellen Sie eine **Übersichtstabelle** über Ihre monatlichen Einnahmen und Ausgaben – nicht der jetzigen, sondern der voraussichtlichen nach dem Umzug ins eigene Heim.

Vergleichen Sie die Konditionen mehrerer Banken und achten Sie dabei auf **Nebenkosten**, zum Beispiel für die Ermittlung des Beleihungswerts – das ist der Wert Ihrer Immobilie, von dem die Bank die maximale Höhe Ihres Kredits abhängig macht. Bei den Nebenkosten kommt Ihnen die Bank eher entgegen als bei einem Wunsch nach niedrigeren Zinsen.

Abtretungs-Abschlussklausel

Auch das **Recht auf Sondertilgung** können Sie oft heraushandeln, wenn die Bank es nicht ohnehin anbietet. Achten Sie außerdem auf eine „Abtretungs-Ausschlussklausel" im Kreditvertrag, nach der die Bank ihren Darlehensanspruch an jemand anderen gar nicht oder nur verkaufen darf, wenn Sie zustimmen. So schließen Sie aus, was in den letzten Jahren etlichen Kreditnehmern passierte: Ihr Gläubiger war plötzlich nicht mehr die vertraute Bank, sondern eine Finanz-Heuschrecke. Solche Unternehmen sind besonders unnachgiebig, wenn ein Hausfinanzierer einmal in Zahlungsrückstand gerät. Aber auch wer korrekt abzahlt, kann Probleme bekommen, wenn nach fünf, zehn oder 15 Jahren die Zinsbindung ausläuft: Solche Gläubiger bieten dann oft nur eine sehr teure Anschlussfinanzierung – oder sie bieten gar keine, sondern verlangen auf einen Schlag die Restschuld zurück.

In Sachen Abtretungs-Ausschlussklauseln verhalten sich die Banken sehr unterschiedlich: Einige nehmen sie gar nicht in ihre Verträge auf, andere nur gegen höheren Zins. Es gibt jedoch auch Institute, die die kundenfreundliche Regelung auf

Verlangen oder sogar von sich aus anbieten. Fragen Sie in jedem Fall nach und unterschreiben Sie einen Vertrag ohne solche Klausel nur, wenn das Angebot sonst deutlich besser ist als alle anderen und wenn Sie mindestens 30 Prozent der Immobilien mit Eigenkapital finanzieren und deshalb später im Notfall leichter eine andere Bank finden.

Wichtig: Treten Sie gegenüber der Bank nicht als Bittsteller auf, der schüchtern um Geld bettelt, sondern als gleichberechtigter Verhandlungspartner. Sollte sich Ihr Gegenüber stur zeigen, dann sammeln Sie langsam Ihre Papiere ein und deuten Sie an, dass Sie wohl leider gehen müssen. Dies hat schon manchen Banker zu freundlichem Entgegenkommen bewegt.

ACHTUNG

Kreditangebote, die Sie ablehnen sollten

- **Kredite in fremden Währungen** – auch wenn der Zins niedrig ist. Wenn nämlich der Kurs dieser Währung gegenüber dem Euro um beispielsweise zehn Prozent steigt (das kann rasch gehen), dann haben Sie eine um zehn Prozent höhere Monatsrate. Und vor allem haben Sie zehn Prozent mehr Schulden.
- **Darlehen ohne laufende, sondern mit einer „endfälligen" Tilgung**, bei der Sie zu einem bestimmten Zeitpunkt alle Schulden auf einmal zurückzahlen. Das drückt zwar zunächst Ihre Monatsrate, ist aber gesamt gesehen die teuerste Kreditform. Denn für die gesamte Summe Ihrer Schulden zahlen Sie während der gesamten Laufzeit volle Zinsen. Solche Darlehen galten früher in Verbindung mit anzusparenden Lebensversicherungen als attraktiv. Sie waren es aber nur für Vermieter, die die dauerhaft hohen Zinszahlungen von der Steuer absetzen konnten – und auch für sie nur so lange, wie die Erträge aus diesen Versicherungen steuerfrei waren. Eigenheimkäufern bringen sie nur unnötige Zinskosten.
- **Darlehen mit variablem Zins**, auch wenn er anfangs niedrig ist. Wenn die Inflation anzieht, was für die nächsten Jahre wahrscheinlich ist, können sich Ihre monatlichen Kosten vervielfachen. Allenfalls kommt hier ein „Cap-Darlehen" mit festgelegter Zins-Obergrenze in Frage. Doch sind diese Grenzen oft sehr hoch angesetzt. Liegt der aktuelle variable Zins bei drei und der des Cap-Darlehens bei sechs Prozent, kann sich der monatliche Geldpreis trotz Kappung verdoppeln.

Internet und anderswo: Discount-Kreditvermittler

Zinsgünstige Kredite

„Baugeld billiger!" rufen Internet-Kreditvermittler, und auf den ersten Blick stimmt das auch. Unternehmen wie Interhyp oder Dr. Klein führen meist die Tabellen der zinsgünstigsten Kreditgeber an. Was diese Tabellen verschweigen: Die Top-Konditionen bekommt nicht jeder, sondern nur der Idealkunde, der alle Bedingungen erfüllt: Er verdient hoch und sicher, bringt viel Eigenkapital mit und bietet als Sicherheit ein hochwertiges Haus in einer guten Gegend.

Keine Sonderwünsche

Diese Bedingungen zu erfüllen schafft fast niemand. Für die meisten Kunden sind die Zinsen höher. Allerdings sind sie oft immer noch niedriger als im Durchschnitt der Banken. Discount-Kreditvermittler besorgen sich Geld von Banken aus allen Ecken der Republik. Zudem nehmen sie den Banken eine Menge Arbeit und Kosten ab. Ihre Werbung ist viel sparsamer; sie erheben und verarbeiten Kundendaten in rationeller, standardisierter Form. Das aber bedeutet umgekehrt: Ausführliche Beratung, gar Lehrstunden zum Immobilienkreditwesen darf niemand erwarten. Sonderwünsche werden nicht berücksichtigt, kleinere Kredite oft nicht gegeben. Es geht zu wie bei Aldi – der bietet auch keine frische tropische Feinkost nebst individuellem Rezept in handverpackten 50-Gramm-Portionen. Statt dessen gibt es Massenware. Extrawürste werden nicht gern gebraten, etwa die Option auf eine Sondertilgung, eine Kreditlaufzeit von unter fünf oder über fünfzehn Jahren. Manche Vermittler verweigern solche Extras ganz, andere verlangen einen Zuschlag auf den Zins.

Fazit: Wer zu Discount-Anbietern geht, muss zumindest über Grundkenntnisse der Baufinanzierung verfügen. Er muss den Wert seines Objekts schätzen können, aus seinem Einkommen und den Lebenshaltungskosten die mögliche Kreditrate errechnen und sie mit der Belastung vergleichen, die sich aus Kredithöhe und Zins ergibt. Hierbei helfen bei diversen Online-Anbietern (die Adressen der wichtigsten finden Sie auf Seite 39) kleine Programme, die man für die Errechnung der verschiedenen Summen nutzen kann.

Wichtig: Auch über die Kaufnebenkosten muss man sich im Klaren sein. Ebenso sollte man wissen, ob man nur den verlangten Minimalbetrag tilgen will oder mit höheren Raten nach rascher Entschuldung strebt.

TIPP

Wann Sie sich an Discount-Kreditvermittler wenden können

- Wenn Sie über ein hohes, festes Einkommen verfügen,
- Ihr Eigenkapital mindesten 30 Prozent des Kaufpreises beträgt,
- die ins Auge gefasste Immobilie wertbeständig ist (gute Lage, Ausstattung, Zustand),
- Sie über Grundkenntnisse in Baufinanzierung verfügen und wenig Beratungsbedarf haben,
- Sie keine Sonderwünsche haben.

Dazu kommt: So verlockend die Geldjagd per Internet auf den ersten Blick erscheinen mag – es folgt eine ganz konventionelle, mühselige Papierphase, in der Einkommensnachweise und Kontoauszüge, Wertgutachten, Hausfotos, Grundbuchauszüge und Kaufverträge besorgt und verschickt werden müssen. Auch die Unterschrift, die den Vertrag schließlich besiegelt, muss nach wie vor in Tinte statt in Bits geleistet werden. Doch trotz aller Mühen lohnen sich Discount-Anbieter für kundige Hauskäufer, die keine Sonderwünsche haben und wissen, was sie wollen. Für sie sind über die gesamte Laufzeit Ersparnisse in fünfstelliger Höhe drin.

Bausparen: beliebt, aber nicht immer günstig

Nicht immer günstig

Bausparkassen bieten nach eigener Aussage den Königsweg jeder Hausfinanzierung. Das war vor Jahrzehnten auch korrekt. Aber längst kommt man auch ohne Bausparvertrag zum eigenen Heim – und oft sogar günstiger. Die **Faustregel**: Bausparen lohnt sich nur, wenn Sie erst in fernerer Zukunft bauen oder kaufen wollen. Wer rasch entschlossen ist, möglichst bald ein Haus erwerben will und noch keinen Bausparvertrag hat, sollte auch keinen abschließen. Er kann in einem solchen Fall nämlich die teuerste Finanzierungsform sein – sogar dann, wenn der Zinssatz niedriger ist als für einen Bankkredit.

Wie funktioniert Bausparen? Die angeblich einfache Finanzierungsform fürs Volk ist in Wirklichkeit hoch kompliziert. Das merken Sie spätestens, wenn Sie in Einzelheiten der Tarife einsteigen und Begriffe wie Mindest- und Zielbewertungszahl hören, Abschluss- und Darlehensgebühr, Bausparsumme, Wahltarife, Schnellspartarife und Standardtarife.

Grundprinzip

Das Grundprinzip des Bausparens besteht darin, dass zunächst viele in die Kasse Geld einzahlen. Diejenigen, die am meisten oder am schnellsten eingezahlt haben, erhalten als Erste ein Darlehen – und bekommen außerdem das von ihnen selbst Angesparte zurück. Sie tilgen nun ihr Darlehen nach und nach, und die nächsten erhalten eines. Das endet theoretisch nie, weil immer neue Sparer nachrücken. Praktisch kann jedoch jede Bauspar-Kette einmal reißen. Dann sind die letzten Sparer die Dummen: Sie bekommen zwar ihre Einlage zurück, das Bausparguthaben. Doch sie erhalten kein Bauspardarlehen mehr. Dieser Fall dürfte aber in absehbarer Zeit nicht eintreten. Wenn der „Sparer-Nachschub" jedoch nicht ganz abreißt, aber nur noch tröpfelnd kommt, müssen Sie als Bausparer unter Umständen lange auf ihr Bauspardarlehen warten.

Bedingung für ein Darlehen ist stets, dass der Kunde ein Mindestguthaben erreicht hat. Dieses macht in den meisten Tarifen

Bewertungszahl

40 oder 50 Prozent der Bausparsumme aus. Die Reihenfolge, in der die Kunden ihr Darlehen erhalten, richtet sich nach ihrer jeweiligen „Bewertungszahl". Die errechnet jede Kasse nach einer anderen Formel. Mal fließt das Guthaben ein, mal der bisher kassierte Zins. Wenn ein Kunde an der Reihe ist, dann ist sein Vertrag im Kassendeutsch „zuteilungsreif". Die Darlehenshöhe ist einfach zu errechnen: Bausparsumme minus Bausparguthaben. In einzelnen Verträgen gibt es aber die Möglichkeit, das Darlehen aufzustocken. Dies wird allerdings mit höheren Zins- und Tilgungsraten erkauft.

Wenn das Darlehen ausgezahlt wird, langen manche Kassen ein zweites Mal mit Gebühren zu – die Darlehensgebühr beträgt in der Regel zwei oder drei Prozent des Darlehens. Anschließend zahlen Sie das Geliehene nebst Zinsen zurück. Diese Zinsen sind oft niedriger als bei der Bank; Ihre Monatsrate ist trotzdem meist höher.

Hohe Tilgungsraten

Niedrige Zinsen, trotzdem höhere Raten? Das klingt seltsam. Es erklärt sich dadurch, dass Bausparkassen von ihren Darlehensnehmern jeden Monat immens hohe Tilgungen verlangen. Denn ihr Interesse ist ein anderes als das der Banken. Jene freuen sich über eine langsame Tilgung und eine längere Kreditlaufzeit – sie verdienen am Zins. Dagegen wollen Bausparkassen das geliehene Geld möglichst schnell zurück, damit sie es den nächsten Kunden leihen können. Für den Kreditnehmer bedeutet das hohe Monatsraten (siehe Kasten auf Seite 34, „Achtung, hohe Kreditraten!"). Wer diese jedoch stemmen kann, hat einen Vorteil: Man tilgt viel schneller als bei der Bank.

Staatliche Zuschüsse

Warum schließen Millionen Menschen Bausparverträge ab? Zunächst wegen der staatlichen Zuschüsse, obwohl die relativ bescheiden sind: Wohnungsbauprämien bis 45 Euro im Jahr (Ehepaare 90 Euro) für Sparer, deren zu versteuerndes Einkommen unter 25.600 Euro (Ehepaare 51.200 Euro) liegt. Hinzu kommen Sparzulagen für vermögenswirksame Leistungen von bis zu 43 Euro, allerdings nur für Ledige mit Jahreseinkommen bis zu 17.900 Euro und Ehepaare bis 35.800 Euro.

ACHTUNG

Achtung, hohe Kreditraten!
Bei Bauspardarlehen errechnet sich die Kreditrate nicht aus Darlehenshöhe und Zins, sondern aus der Bausparsumme. Schon wenn Sie den Bausparvertrag abschließen, erfahren Sie die spätere Monatsrate, die Sie zahlen müssen. Sie wird auch „Zins- und Tilgungsbeitrag" genannt. Bei einem Bausparvertrag über 100.000 Euro (die Bausparsumme) und einer Kreditrate (Zins- und Tilgungsbeitrag) von 0,6 Prozent zahlen Sie als Kreditnehmer 600 Euro monatlich. Nur grob die Hälfte der Bausparsumme besteht jedoch aus dem Darlehen. Nehmen Sie ein 50.000-Euro-Darlehen bei der Bank auf, können Sie dies schon mit Monatsraten ab ca. 250 Euro bekommen. Sie brauchen dann aber rund dreimal so lange, bis Sie schuldenfrei sind.

Nächster Grund für den Abschluss von Bausparverträgen ist die Werbung der Kassen mit der Aussage, Kunden hätten einen Rechtsanspruch auf ihr Darlehen. Dieses bekommen Sie aber bei leidlich gutem Einkommen auch von der Bank – und als armer Schlucker auch nicht von der Bausparkasse. Drittens werben die Bausparkassen mit angeblich niedrigen Darlehenszinsen. Die aber waren in den letzten Jahren oft höher als die von Banken. Und sie werden teuer erkauft: mit jahrelangem Sparen, für das Sie meist nur sehr niedrige Zinsen erhalten. Den fürs Bausparen ungünstigen Effekt zeigt das Beispiel rechts.

Steigende Preise und Zinsen

Günstig ist Bausparen lediglich dann, wenn Sie in einer Zeit niedriger Zinsen anfangen und in einer Zeit höherer Zinsen Ihr Haus finanzieren. Das könnte die Entwicklung der kommenden Jahre sein: Gegenwärtig ist der Guthabenzins noch relativ niedrig; bei der Bank oder mit soliden Papieren wie etwa Bundesanleihen bekommen Sie kaum mehr für Bausparguthaben. Viele Experten prophezeien aber, dass Preise und Zinsen in wenigen Jahren stark steigen. Dann zahlen Sie für Ihr Darlehen womöglich bei der Bank deutlich über sechs Prozent Zinsen, bei der Bausparkasse vielleicht nur vier Prozent. Das kann Ihre Finanzierungskosten drastisch senken.

BEISPIEL

Bank oder Bausparkasse – wer finanziert besser?
Zwei Nachbarn beschließen, in einigen Jahren ein Haus zu kaufen. Einer schließt einen Bausparvertrag über 100.000 Euro ab und zahlt acht Jahre lang monatlich 400 Euro ein. Anfangs sind 1.000 Euro Abschlussgebühr fällig, später wird das Guthaben mit 1 Prozent verzinst. Der Nachbar legt gleich viel Geld bei der Bank zu 3 Prozent an.

Nach acht Jahren haben beide mit Zins und Zinsenzins folgende Guthaben:

Bausparer	Banksparer
38.699	42.683

Beide müssen insgesamt 100.000 Euro aufbringen und benötigen den Rest als Kredit:

Bausparer	Bankfinanzierer
61.301	57.317

Der Bausparer benötigt fast 4.000 Euro mehr Kredit als der Bankfinanzierer. In der Folgezeit zahlt er weniger Zins – in unserem Beispiel drei Prozent; zugleich zahlt der Bankfinanzierer vier Prozent. Beide tilgen mit gleich hohen Raten von 600 Euro monatlich. Nach knapp neuneinhalb Jahren ist der Bankfinanzierer schuldenfrei. Da der Bausparer deutlich mehr Kredit brauchte, hat er zu diesem Zeitpunkt noch fast 1.500 Euro Schulden. Der Bankfinanzierer würde allerdings schlechter dastehen, wenn in der Zwischenzeit die Kreditzinsen in die Höhe schnellen.

Wenn Sie nicht erst in einigen Jahren bauen oder kaufen wollen, sondern rasch, dann können Sie vielleicht ein Bauspardarlehen aus einem Vertrag beantragen, den Sie schon vor längerer Zeit abgeschlossen und seitdem regelmäßig „bespart" haben, so dass Sie jetzt ein Darlehen bekommen können – im Kassendeutsch: Ihr Vertrag „zuteilungsreif" ist. Sie sollten das Bauspardarlehen aber nur nehmen, wenn sein Effektivzins niedriger ist als bei der Bank. Und natürlich nur, wenn Sie sich die höheren Monatsraten für das Bauspardarlehen leisten können.

Vorsicht vor Sofortfinanzierungen, Anspar- und Auffüllkrediten

Eine Bauspar-Finanzierung lohnt sich dagegen fast nie, wenn Sie den Vertrag erst kurz vor dem Hauskauf schließen, es parallel zum Kauf oder erst später tun. Denn dann schlägt die Trägheit des Bausparens gegen Sie zurück: Sie müssen ja immer erst jahrelang sparen, bevor Sie das Darlehen bekommen. Für Ihr Erspartes erhalten Sie nur minimale Zinsen. Wenn Sie bereits eine Immobilie gekauft haben, müssen Sie zur gleichen Zeit ein Darlehen finanzieren, das Sie mehr Zinsen kostet, als das Bausparguthaben bringt. Wenn Sie dieses erste Darlehen auch bei der Bausparkasse aufnehmen, dann sind Sie aus deren Sicht ein Traumkunde – jemand, der Geld billig hergibt und es sich sogleich wieder teuer zurückleiht. Es ist klar, dass ein solches Vorgehen für Ihr eigenes Vermögen eher ein Alptraum ist.

Minimale Zinsen

Lassen Sie deshalb die Finger von Modellen, in denen ein Darlehen mit dem Neuabschluss eines Bausparvertrags kombiniert wird – vor allem von der berüchtigten „Bauspar-Sofortfinanzierung mit Auffüllkredit" oder dem Bausparen mit „Vorschaltdarlehen" oder „Ansparkredit". Der Zins wirkt zwar oft niedrig. Aber dafür ist Ihr Kredit unnötig hoch, solange Sie Ihr Eigenkapital nicht zur Tilgung einsetzen, sondern auf einem Bausparkonto ansammeln. Das Ganze ist so, als wenn der Benzinverbrauch von Autos nicht für den Wagen insgesamt, sondern pro Tonne seines Gewichts angegeben würde. Das kann beim großen Wagen günstig wirken – aber Bausparkassen verschweigen gern, dass dieses Finanzierungs-Vehikel mit paralleler Spar- und Darlehensphase mehrere überflüssige Tonnen wiegt.

Achtung!

Wenn schon Bausparen, dann richtig

Wenn Sie für spätere Jahre, in denen höhere Zinssätze drohen, einen Bau oder Kauf planen, dann kann der Abschluss eines

ÜBERSICHT

Bank und Bausparkasse – Vor- und Nachteile im Überblick

Vorteile Bank	**Nachteile Bank**
geringere Gebühren (außer eventuell bei Fonds)	geringere Spardisziplin und die Verlockung, Erspartes auszugeben
meist höhere Guthabenzinsen	Guthabenzins kann schwanken
daher im Ergebnis ein höheres Guthaben, geringerer Kreditbedarf	Qual der Wahl zwischen vielen Geldanlagen
Kredit sofort erhältlich	Hauskredite unter 50.000 € oft gar nicht oder nur mit Zinszuschlag im Angebot
niedrigere Kreditraten	bei steigenden Zinsen zwar höheres Guthaben, aber auch höherer Kreditzins
Vorteile Bausparkasse	**Nachteile Bausparkasse**
regelmäßiges Sparen	Abschlussgebühr
Konditionen von Anfang an bekannt	lange Spar- und Wartezeit bis zum Kredit
(geringe) Staatsförderung bei mäßigem Einkommen	meist niedriger Guthabenzins
fester, meist geringer bis mäßiger Kreditzins	ggf. Darlehensgebühr
rasche Tilgung	hohe Kreditraten
einfache Abwicklung („alles in einer Hand")	

Orientierungshilfen

Bausparvertrags im Prinzip sinnvoll sein. Aber natürlich nur, wenn er Ihnen und Ihrem Projekt angepasst ist. Dafür einige **Orientierungshilfen**:

Die Bausparsumme sollte maximal 20 Prozent des Betrags ausmachen, den Sie voraussichtlich für das Haus ausgeben werden. Das verhilft Ihnen zu einer gewissen Spardisziplin, die Gebühren halten sich jedoch in Grenzen. So haben Sie womöglich noch Geld für renditestärkere Anlagen übrig und kommen nach dem Hauskauf nicht in die Verlegenheit, untragbar hohe Raten für Ihr Bauspardarlehen zahlen zu müssen. Außerdem sollte die Bausparsumme höchstens das 200fache der monatlichen Spar-Rate ausmachen, die Sie erbringen können. Sonst dauert es zu lange, bis Sie an ein Darlehen kommen.

Niedrige Gebühren

Halten Sie die Gebühren niedrig: So sollte die Abschlussgebühr ein Prozent der Bausparsumme nicht überschreiten, wenn möglich, sollte keine Darlehensgebühr anfallen.

Wenn Sie noch nicht sicher sind, ob Sie mit dem Geld ein Haus kaufen werden, wählen Sie einen Vertrag, der Flexibilität erlaubt. Wenn Sie bei solchen Verträgen später auf Ihr Bauspardarlehen verzichten, erhalten Sie nachträglich weit höhere Guthabenzinsen. Solche Angebote machen Bausparkassen zum Beispiel unter den Namen Wahl-, Options- oder Variotarife.

Schnellspar-Tarif

Wenn Sie schon in etwa drei bis fünf Jahren ein Haus kaufen wollen, wählen Sie einen Schnellspar-Tarif. Hier kommen Sie schneller an Ihr Darlehen, müssen es aber dann auch mit höheren Raten tilgen.

Haben Sie bestimmte Tarife in der engeren Wahl, dann lassen Sie Vertreter der Bausparkassen arbeiten. Verlangen Sie zu jedem in Frage kommenden Angebot eine Auflistung – siehe Kasten.

GUT ZU WISSEN

Informationen vor Vertragsabschluss – Fragen Sie Ihren Bausparvertreter nach

- Bausparsumme
- monatlicher Spar-Rate
- Abschluss- und Kontogebühr
- voraussichtlichem Zuteilungsmonat
- Darlehenshöhe
- Darlehenszins
- Darlehensgebühr
- weiteren Gebühren
- monatlicher Darlehensrate
- voraussichtlichem Datum der vollständigen Rückzahlung

Weitere Informationen

- **Zehn wichtige Kreditanbieter im Internet**

Anbieter	Adresse
Comdirect	www.comdirekt.de
CosmosDirekt	www.cosmosdirekt.de
creditweb	www.creditweb.de
Dr. Klein & Co.	www.drklein.de
DTW	www.dtw-fonds.de
Easyhyp	www.easyhyp.de
Hannoversche Leben	http://baufinanzierung.hanno-versche-leben.de
Immobank direkt	www.immobank-direkt.de
ING-Diba	www.ing-diba.de
Interhyp	www.interhyp.de
Planethome	www.planethome.de

- **Private Bausparkassen (alle außer LBS)**

Verband der Privaten Bausparkassen e.V.
Klingelhöferstraße 4
10785 Berlin
Tel. 030/590091-500
Fax 030/590091-501
E-Mail: bausparkassen@vdpb.de
www.bausparkassen.de

- **Landesbausparkassen**

Die zehn regionalen Landesbausparkassen finden Sie unter www.lbs.de.

- **Begriffe zur Finanzierung**

www.grundbuch.de → Finanzierungs-Lexikon

- **Aktuelle Zinssätze**

www.vergleich.de → Finanzierung → Baufinanzierung

- **Vergleich von Bauspar-Tarifen**

www.finanzen.net → Finanzrechner → Bausparvergleich

- **Infoportal zum Thema „verkaufte Kredite"**

www.verkaufte-kredite.de

KAPITEL 3

Staatshilfe nutzen – Was Bund, Länder und KfW-Bank bieten

Eigenheimzulage abgeschafft, alle Steuervorteile gestrichen: Die Staatshilfen für Hauskäufer fließen längst nicht mehr so üppig wie früher. Aber auch heute gibt es Zuschüsse, die, über mehrere Jahre verteilt, tausende von Euro bringen können.

Wohn-Riester: neues Modell mit Stärken und Tücken

Der „Wohn-Riester“, auch Eigenheimrente genannt, ist seit Anfang 2009 die wichtigste staatliche Förderung für den Hauskauf, die es in ganz Deutschland gibt – und nicht nur in einzelnen Bundesländern oder Gemeinden. Seinen Namen hat er

GUT ZU WISSEN

Riestern: Die Bedingungen

Wer kann „Riester-Sparer" werden?

Jeder Pflicht-Sozialversicherte: Angestellte, Arbeiter, Sondergruppen wie die Mitglieder der Künstlersozialkasse, hingegen keine Selbständigen und Beamten

Wie funktioniert's?

Vier Prozent des Bruttoeinkommens des jeweiligen Vorjahrs müssen gespart werden, höchstens jedoch 2.100 Euro. Die staatliche Zulage beträgt 154 Euro/Jahr, dazu 185 Euro für jedes vor 2008 geborene und 300 Euro für jedes ab 2008 geborene Kind. Wer gut verdient, bekommt stattdessen einen Steuerrabatt, der noch höher ist als die Förderung.

von der staatlich geförderten Altersvorsorge, die im Jahr 2001 unter dem damaligen Sozialminister Walter Riester eingeführt worden war. Aus Sicht des Staates ist Altersvorsorge per Wohneigentum genau so förderungswürdig wie Altersvorsorge per Kapitalbildung. Das System ist recht kompliziert, bietet aber vor allem Familien mit Kindern und Gutverdienern Vorteile bei Hauskauf und Darlehenstilgung. Es schafft Finanzierern jedoch zusätzliche Steuerlasten, wenn sie Rentner sind.

Vorteile für Familien

Bauen oder kaufen Riester-Sparer ein Eigenheim, dann können sie das schon im Vertrag gesparte Geld als Eigenkapital nutzen – inklusive Zulagen. Und nach dem Kauf bekommen sie die Riester-Förderung auch für Geld, das sie in die Tilgung eines Kredits für ihr Heim stecken. Schließlich kann ein Hauseigentümer im Alter meist sogar viel mehr Miete sparen, als ein Mieter als Rente aus seinem Riester-Vertrag erhält. Tilgungszahlungen werden aber nur riestergefördert, wenn der Kreditvertrag ein staatliches Zertifikat erhalten hat.

Allerdings ist in das schöne Modell ein dickes, nicht sehr schönes Ende eingebaut: Wer einen Riester-Geldsparvertrag hat, muss im Alter Steuern auf die Rente entrichten, die auf diesen Ersparnissen beruht. Bei Hauseigentümern mit früherer Riester-Finanzierung ist die Sache komplizierter. Hier fließt ja im Alter kein Geld, was also wird besteuert? Um das zu berechnen, wird für „Riester-Sparer" ein abstraktes „Wohnförderkonto" eingerichtet. Der Staat und seine Förderbehörden notieren darauf, welche Spar- und Tilgungsleistungen eines Hauseigentümers jedes Jahr mit Riester-Mitteln gefördert werden. Diese Mittel werden rechnerisch jedes Jahr um zwei Prozent erhöht – ein ungefährer Ausgleich für die voraussichtliche Preissteigerung. Ist der Hauseigentümer schließlich Rentner, muss er den fiktiven Ertrag seines Wohnförderkontos versteuern – auch wenn er in Wahrheit gar keinen hat. Das rechtfertigt der Staat damit, dass er über viele Jahre den Hauskauf gefördert hat.

Wohnförderkonto

Wenigstens haben frischgebackene Rentner eine Wahlmöglichkeit: Sie können entweder 70 Prozent des geförderten Kapitals sofort versteuern, wenn sie flüssig sind – dann sind sie diese Steuerlast für den Rest ihres Lebens los. Oder sie versteuern den Betrag nach und nach über 17 bis 25 Jahre. Es ist aber auch möglich, dass Ältere nichts oder nur wenig versteuern müssen, wenn sie nur eine niedrige Rente bekommen.

Wer den „Wohn-Riester" bekommen hat und sein Haus veräußert, kann sich entweder eine andere Immobilie kaufen oder so viel Geld, wie auf dem Wohnförderkonto steht, in einen neuen Riestervertrag stecken. Dann muss er die Förderung nicht zurückzahlen. Wer jedoch beides nicht tut, muss die einmal erhaltene Förderung zurückzahlen.

GUT ZU WISSEN

Bausparen mit Riester
Ein neues Modell stellen die Riester-Bausparverträge dar. Hier gibt es schon in der anfänglichen Sparphase Zuschüsse, für die spätere Darlehenstilgung ebenfalls. Bausparkassen werben kräftig damit, die Abwicklung gestaltet sich für Kunden relativ unkompliziert. Diesen Vorteilen stehen jedoch die Nachteile des Bausparens gegenüber – Gebühren, meist niedrige Guthabenzinsen und hohe Kreditraten.

KfW-Darlehen: Zinshilfen vom Staat

Zinsgünstige Kredite

Die staatliche KfW-Bank fördert Hausbau und -modernisierung, Eigentumserwerb und Energiespar-Investitionen mit zinsgünstigen Krediten, teils auch mit Zuschüssen. Das **KfW-Wohneigentumsprogramm** gilt für neue wie gebrauchte Häuser – Hauptsache, Sie ziehen selbst ein. Den Antrag müssen Sie für neue Häuser vor Baubeginn und für ältere spätestens direkt nach Abschluss des notariellen Kaufvertrags stellen. Der KfW-Kredit beträgt höchstens 100.000 Euro und bis zu 30 Prozent der „angemessenen Gesamtkosten". Hierzu zählen bei Neubauten die Kosten für das Grundstück (wenn die Parzelle vor höchstens einem halben Jahr erworben wurde), für den Bau und für die Außenanlagen. Bei bereits bestehenden Häusern fließen neben dem Kaufpreis die Nebenkosten sowie Auslagen für Modernisierung, Instandsetzung und Umbau ein. Hierfür gibt die KfW zinsgünstige Kredite, die bis zu fünf Jahre tilgungsfrei sind und bis zu 35 Jahre laufen. Der Zins wird je nach Wunsch des Kunden für fünf bis fünfzehn Jahre festgeschrieben.

Neubauten

Das KfW-Programm **„Energieeffizient Bauen"** fördert Neubauten: Wer für umweltschonende Projekte einen Kredit aufnimmt, bekommt aus Bundesmitteln Zinsvergünstigungen für zehn bis dreißig Jahre sowie ein bis fünf tilgungsfreie Jahre. Die Höhe der Förderung hängt vom voraussichtlichen Grad des Energiesparens im Haus ab, zum Beispiel „KfW 40" oder „KfW 70". Finanziert werden bis zu 50.000 Euro pro Wohnung im Haus. Wer gefördert wird, muss die jeweils abgerufenen Kreditbeträge innerhalb von drei Monaten vollständig investiert haben, sonst gibt es einen Zinszuschlag. Auch diese KfW-Kredite müssen Sie bei Ihrer Bank beantragen und dort die üblichen Sicherungen nachweisen – in der Regel das Haus selbst.

Sanierung

Für **„Energieeffizientes Sanieren"** gibt es ein weiteres Programm, das nur für Bestandsbauten gilt – wenn Sie selbst sanieren, aber auch, wenn Sie ein energetisch bereits saniertes Haus kaufen. Der Bauantrag für das Haus muss vor 1995 gestellt worden sein. Hier gibt es keine Zinsvergünstigung, sondern einen Zuschuss, der sich nach dem jeweiligen Sanierungsgrad richtet und bis zu 13.125 Euro beträgt.

Wenn Sie ein Haus in punkto „Barrierefreiheit" auf Vordermann bringen, helfen die beiden KfW-Programme für altersgerechte Umbauten. Sie fördern entweder mit direkten Zuschüssen von 2.500 Euro oder mit Zinszuschüssen. Die Kredite laufen bis zu 30 Jahre lang, bis zu fünf Jahre sind tilgungsfrei. Unterstützt werden der Einbau zeitgemäßer Technik mit Investitionen bis zu 100.000 Euro sowie altersgerechte Umbauten mit Investitionen bis zu 50.000 Euro – zum Beispiel der Ausbau von

Schwellen und die Verbreiterung von Türen, die Überbrückung von Stufen, das Anbringen von Handläufen und nicht zuletzt der Einbau von Aufzügen.

KfW – Wie kommen Sie ans Geld?

Beantragung

KfW-Förderungen beantragen Sie nicht direkt bei der KfW selbst, sondern über Ihre eigene Bank, bei der Sie Ihr Girokonto haben oder Ihren Immobilienkredit nehmen. Diese prüft auch, ob Sie kreditwürdig sind – schließlich haftet die Bank gegenüber der KfW, wenn Sie nicht mehr zahlen können. Nicht immer informieren Banker von sich aus über die KfW-Förderung – vielfach deshalb, weil sie selbst die vielen Programme nicht kennen und diese häufig wechseln. Aus diesem Grund sollten Sie sich bei der Planung Ihres Hauskaufs und -baus im Internet oder telefonisch bei der KfW unter www.kfw-foerderbank.de, infocenter@kfw.de oder Tel. 0180/1335577 über deren jeweils aktuelle Programme erkundigen.

Länderförderung: Kredite der Bundesländer

13 der 16 Bundesländer (die Ausnahmen waren Berlin, Bremen und Mecklenburg-Vorpommern) gaben im Jahr 2009 Eigenheimkäufern und -erbauern zinsgünstige oder gar zinslose Darlehen. Die Bedingungen sind aber überall verschieden und ändern sich gelegentlich. Über die aktuellen Programme der Bundesländer können Sie sich unter www.baufoerderer.de informieren.

Verkaufserlös: ein stiller Steuervorteil

Heute kümmert es Sie nicht, Jahre oder Jahrzehnte später kann es zehntausende von Euro sparen: das günstige Steuerrecht für den Verkauf von Wohneigentum. Haben Sie mindestens die letzten zwei Jahre vor der Veräußerung selbst in Ihrer Immobilie gelebt, dann müssen Sie auf den Unterschied zwischen dem einstigen Kauf- und dem jetzigen Verkaufspreis keine Steuern zahlen – anders als bei anderen Vermögensanlagen wie vermieteten Wohnungen und Kapital. Zwar verschärft der Staat das Steuerrecht immer wieder gern. Doch wenn er eines Tages eine Steuer auf den Verkaufserlös von Einfamilienhäusern erheben will, könnte diese für verfassungswidrig erklärt werden, da ihre Eigentümer vorher keine Kosten von der Steuer absetzen konnten. Deshalb ist diese Vergünstigung sicherer als andere, die nach und nach gestrichen werden.

ÜBERSICHT

Staatshilfen im Überblick

	was	**von wem**	**Nachteile**
Wohn-Riester	Subvention oder Steuervorteil beim Sparen und Kredittilgen	Bundesregierung über Anbieter von Riester-Verträgen und -finanzierungen	Höhere Steuerlast im Alter und bei Hausverkauf
KfW-Programme	Zinsgünstiger Teilkredit	KfW-Förderbank	nur Teilfinanzierung möglich, bei Energieprogrammen strenge Bedingungen
Steuerfreiheit bei Verkaufserlös	Bei Hausverkauf müssen Wertsteigerungen nicht versteuert werden	Finanzamt (kassiert keine Steuer)	wird erst bei Verkauf wirksam
Länderförderung	wechselnde Programme je nach Bundesland und Jahr	Förderbanken der Länder	Einkommensgrenzen und weitere Bedingungen

Weitere Informationen

- **Alle Förderungen**

Eine empfehlenswerte Seite der Verbraucherzentralen und der KfW Bankengruppe ist www.baufoerderer.de.

- **KfW-Bank**

www.kfw-foerderbank.de
Tel. 0180/1335577
E-Mail: infocenter@kfw.de

- Die **Programme der Bundesländer** und die Adressen der Förderbanken finden Sie unter:

www.baufoerderer.de → Förderrechner → Förderrechner Bundesländer

- **Wohn-Riester**

www.bundesfinanzministerium.de → in Suchmaske oben rechts „Wohn-Riester“ eingeben

www.sparkasse.de → in Suchmaske „Wohnriester“ eingeben

KAPITEL 4

Haustyp bestimmen und Grundrisse prüfen

Ein neues oder ein bestehendes Haus? Lieber Werkssiedlung mitten in der Stadt oder Bauerndorf? Gern in Reihe oder unbedingt freistehend? Ob Sie bauen oder ein bereits existierendes Haus erwerben möchten, wo Ihr Haus stehen und welcher Typ es sein soll – all das sollte früh und gut überlegt sein. Denn damit stellen Sie entscheidende Weichen für die Höhe Ihrer Auslagen bei Erwerb und Bau und die spätere Wertentwicklung, für die Verwirklichung Ihrer individuellen Wohnvorlieben, für Lebensqualität und Komfort über viele Jahre.

Vorzüge und Nachteile neuer und gebrauchter Häuser

Vorteile

Der wichtigste Vorteil neu zu bauender Häuser ist natürlich die größere Gestaltungsmöglichkeit. Diese haben Sie vor allem, wenn Sie kein Bauträgerprodukt von der Stange erwerben, sondern individuell mit Hilfe eines Architekten oder etwas weniger individuell mit einer flexiblen Fertigbau-Firma arbeiten.

Ein zweiter Vorteil von Neubauten klingt sehr schlicht, wird aber oft vergessen: Was neu ist, hält länger und hat höheren Standard – jedenfalls wenn es gut gebaut ist. Das vermeintliche Schnäppchen eines ungepflegten Hauses kann sich bitter rächen – etwa wenn es heute zwar 30.000 Euro billiger ist als ein vergleichbares neues, aber in den nächsten zehn Jahren 60.000 Euro zusätzlich für ein neues Dach, eine zeitgemäße Dämmung, neue Leitungen und die Heizung verschlingt.

Eigenleistung

Neubauten können auch noch weitere finanzielle Vorteile bieten. Etwa die Möglichkeit, selbst mit anzupacken – wer Zeit hat und handwerklich begabt ist, kann auf diese Weise bis zu 15 Prozent der Baukosten sparen (siehe in Kapitel 9 den Abschnitt „Eigenleistung und Nachbarschaftshilfe"). Außerdem kann man auf Dinge verzichten, die man nicht will, die man aber beim Altbau mitnehmen muss – ob es ein nicht gebautes Dachstudio ist, ein prächtiges, aber nicht unbedingt nötiges 30-Quadratmeter-Wohnzimmer oder der sprichwörtliche goldene Wasserhahn. Ein immer bedeutsamerer finanzieller Vorteil sind schließlich die niedrigen Energiekosten eines gut gedämmten Neubaus.

Risiken

Diesen Vorteilen stehen bei einem Neubau drei Risiken entgegen, die nicht vernachlässigt werden sollten. Das erste, noch relativ kleinste Risiko: Es kann bis zum Einzug länger dauern als geplant, wenn der Bau zu langsam fortschreitet. Dann drohen doppelte Kosten über Monate: einerseits noch die Miete, andererseits schon Tilgung und Zinsen für den bereits ins Haus investierten Teil des Kredits. Noch übler ist die Situation natürlich, wenn die alte Wohnung schon gekündigt, das neue Haus aber noch nicht fertig ist.

Pfusch und Pleiten

Risiko Nummer zwei sind Pfusch und Pleiten am Bau. Hinweise darauf, wie man diese Gefahren minimiert, finden Sie in Kapitel 9 im Abschnitt „Baumängel und Abnahme". Das dritte Risiko lauert in der Umgebung – vor allem bei der Entstehung größerer Baugebiete. Heute liegt ein Stück Land noch frei auf dem Acker. Wie wird die Wohnumgebung jedoch sein, wenn das Haus Teil einer größeren Siedlung ist? Nachbarhäuser, Straßen, Pflanzen – all das ist noch unbekannt und teils unabsehbar. Auch die Infrastruktur von Läden, Schulen und Haltestellen muss sich erst noch entwickeln. Das kann anders laufen, als vom Bauträger oder von der Gemeinde versprochen ist. Und wer zu den ersten Bauherren auf einem größeren Gelände gehört, lebt womöglich noch jahrelang neben den Baustellen weiterer Häuser.

GUT ZU WISSEN

Der Kauf eines bestehenden Hauses – Vorteile und Risiken

Die **Pluspunkte** beim Kauf eines bestehenden Hauses

- meist niedrigerer Preis
- Substanz vorhanden und genauer prüfbar
- eingewachsener Garten mit oft höheren Bäumen
- Nachbarn und Umgebung sind von Anfang an bekannt
- Lage, Infrastruktur und Verkehrsanbindung sind oft besser als in einem Neubaugebiet weit draußen.

Risiken des Gebrauchtkaufs

- Manche Baumängel und Schäden sind nicht sichtbar. Verschleiß kann stärker fortgeschritten sein, als sich an der Oberfläche abzeichnet.
- Ein Umbau, der zunächst einfach, rasch abzuwickeln und preisgünstig erscheint, erweist sich in der Praxis als kompliziert, langwierig und teuer.
- Eine ineffiziente Heizung und eine schlechte Dämmung kosten auf Dauer mehr Geld, als man beim Kauf zunächst einspart.

Auf die Frage „alt oder neu“ gibt es unterm Strich keine allgemeingültige Empfehlung für jedermann. Wenn Sie vor allem günstig einsteigen wollen, etwa weil die Kinder rasch in ein Haus mit Garten kommen sollen, können Sie für diesen sofortigen Vorteil spätere Kosten- und Umbaulasten in Kauf nehmen – allerdings nur, wenn Sie sie voraussichtlich gut schultern können. Wer umgekehrt Wert auf Perfektion und individuelle Anpassung des Hauses an die eigenen Bedürfnisse legt (und dies auch finanzieren kann), ist mit einem Neubau besser bedient.

Angebotsstruktur

Und nicht zuletzt hängt die Entscheidung von der Angebotsstruktur vor Ort ab: Je größer das Angebot an Neubauflächen und die Aktivität von Neubau-Anbietern, desto mehr schlägt das Pendel in diese Richtung aus. Wo es dagegen wenige oder nur sehr teure Baugrundstücke gibt, ist die Entscheidung für ein älteres Haus fast zwingend.

Haustypen: vier Wände – viele Formen

Die Geister scheiden sich an der Frage des idealen Haustyps. Für viele ist ein Haus nur dann wahrhaft individuell, wenn es frei steht und seine Wände kein anderes berühren. Andere wiederum wollen möglichst viel Wohnfläche für möglichst wenig Geld. Manche möchten sich von Nachbarn zurückziehen können; eine Gegenpartei schwört auf offene, kommunikative Konzepte. Die Hausform außen hat auch auf das Innere großen Einfluss – zum Beispiel auf die Helligkeit, auf die Größe und die Anordnung von Räumen. Schließlich können Haustypen eher die Begegnung der Bewohner fördert oder ihnen gute Möglichkeiten zum Rückzug bieten.

Persönliche Vorlieben

Das freistehende Haus: Besitzerstolz und Bodenkosten

Ums eigene Haus herum gehen können, auf allen Seiten Grün haben und von drinnen in alle Richtungen gucken können – das ist für viele Bewohner der Kern der Eigentümer-Freiheit. Das Heim thront mindestens symbolisch in seinem eigenen kleinen Park und ist nicht nur Teil einer Hausreihe an der Straße. In fast jedes Zimmer fällt viel Licht, in die wichtigsten sogar von zwei oder gar drei Seiten. Den Nachbarn ist man immer ein Stückchen entrückt; auch Schall überträgt sich von einem Haus zum anderen nur gedämpft. Der Garten kann nur da einigermaßen großzügig gestaltet werden, wo er mehr ist als ein schmaler Streifen hinterm Haus.

Ist dieses Haus kein weitgehend vorgegebenes Bauträgermodell, dann sind die Gestaltungsmöglichkeiten hier deutlich größer als bei allen anderen Haustypen. Hat auch die Gemeinde in ihrem Bebauungsplan nur wenige Details festgelegt, dann ist alles möglich – vom spacigen Bungalow über das urige Holzchalet bis zum neubarocken Miniaturschloss. Am größten ist

Gestaltungsfreiheit

diese Freiheit überraschenderweise oft dort, wo ringsum schon Häuser stehen: Für ältere Gebiete existiert oft kein Bebauungsplan. Hier muss sich das Haus allein nach „Art und Maß" den Nachbarn anpassen.

Hoher Grundstückspreis

Aber das freistehende Haus hat auch Nachteile. Sein gravierendster ist der große Platzbedarf und der entsprechend hohe Grundstückspreis. Muss das Haus beispielsweise je drei Meter Abstand zum linken und rechten Nachbarn aufweisen, bedeutet diese Vorgabe bei einem 20 Meter tiefen Grundstück 120 Quadratmeter zusätzliche Bodenfläche. Die kann in Großstädten leicht 60.000 Euro kosten – ohne dass ein einziger Quadratmeter mehr zum Wohnen entsteht. Besonders hoch sind bei einem freistehenden Haus auch die Kosten für Energie oder Dämmung. Auf allen Seiten sind Außenwände; nirgendwo heizt der Nachbar mit.

Der Grundstücksbereich seitlich des Hauses ist zudem meist schlecht nutzbar: Niemand verbringt seine Freizeit gern eingeklemmt zwischen seiner Hauswand und dem Zaun zum Nachbarn sowie im Blickfeld von Passanten. Oft bietet sich ein solcher Streifen nur für Garagen an, sofern das mit den Bauvorschriften und den Rechten der Nachbarn vereinbar ist, oder für Parkplätze.

Infrastruktur

Nachteile kann es auch hinsichtlich der Infrastruktur geben: In einem Gebiet mit freistehenden Häusern wohnen oft nur halb so viele Menschen wie auf gleicher Fläche in Reihenhäusern oder kleineren Geschossbauten. Entsprechend magerer ist das Einzelhausgebiet mit Läden, Arztpraxen oder Bushaltestellen ausgestattet. Und die Wege dorthin sind häufig weiter. Das gilt auch für die Wege in andere Stadtteile, ob zur Arbeit oder in der Freizeit. Freistehende Häuser sind oft weit vom Stadtzentrum entfernt, schon wegen der hohen Grundstückskosten. Die Fahrten sind teuer und fressen Zeit – manchmal können die Kinder nicht einmal selbständig zur Schule gehen.

Reihen- und Doppelhäuser: Freiheit in der Gruppe

Das Wand-an-Wand-Modell ist die ökonomischste Form des eigenen Heims mit privater Freifläche. Der Garten ist zu hundert Prozent wirklich Garten und nicht an den Seiten nur Abstandsraum zum Nachbarn. Energie wird doppelt gespart: erstens durch die meist kompakte Form des Hauses, zweitens dadurch, dass die Wand zum Nachbarhaus besser isoliert als eine Außenwand. Sind die Gärten etwas sparsamer geschnitten, machen sie weniger Arbeit. Oft bieten Reihenhaussiedlungen die Vorteile städtischer Dichte: Hier wohnen manchmal ebenso viele Menschen wie in einem Mietshausquartier mit gleicher Fläche. Entsprechend gut ist die Ausstattung mit Geschäften, Praxen und Lokalen; entsprechend kurz sind oft die Wege. Das Bus- und Bahnnetz ist dichter und wird häufiger bedient. Und wegen der relativ geringen Grundfläche kann man sich ein Reihenhaus oft in stadt- oder gar zentrumsnahen Gebieten leisten, in denen ein freistehendes Haus unerschwinglich wäre.

Ökonomisches Heim

Aber natürlich birgt die Nähe zum Nachbarn auch Nachteile. Von der Gartenmitte aus nur fünf Meter zum linken Nebenmann und fünf Meter zum rechten – das ist manchem zu wenig. Vor der Tür lauern Parkprobleme. Entweder man opfert fürs Auto ein Stück Vorgarten oder lässt es auf der Straße. Dort kann es eng werden, wenn vor jeder schmalen Hausfront zwei Wagen Platz finden sollen. Die Hauszeilen sind naturgemäß einheitlich gebaut, also lassen sich Änderungen nach eigenem Geschmack nur schwer realisieren. Das geht besonders schlecht, wenn die Zeile oder Hausgruppe in „Miteigentumsanteile“ geteilt ist wie Eigentumswohnungen. Dann gehört das Gesamtgrundstück allen gemeinsam – wobei natürlich geregelt ist, welche Fläche jeder einzelne als Garten nutzen darf. Auch bestimmte Gebäudeteile sind Gemeinschaftseigentum, zum Beispiel Dächer und Fassaden. Soll hier etwas erneuert, angestrichen oder gedämmt werden, muss sich mindestens eine Mehrheit der Eigentümer

Nähe zum Nachbarn

einigen. Umgekehrt muss sich die Minderheit oft fügen. Wer all das nicht mag, sollte nur ein realgeteiltes Haus erwerben.

Nachteile

Auch die Stellung der Häuser Wand an Wand hat negative Seiten: Es drohen Schallbrücken von einem Haus zum anderen. Ins Innere fällt weniger Licht, so dass Bäder, Treppenhäuser und Küchen, aber auch Wohnräume manchmal dunkel sind. In schmaleren Reihenhäusern werden zudem meist nur wenige Raumvarianten angeboten: entweder ein größeres Zimmer über die ganze Hausbreite oder zwei notgedrungen schmale Zimmer über die halbe. Das kann verschachtelte, eng wirkende Grundrisse bedeuten – vor allem, wenn es für alle Familienmitglieder entsprechend viele individuelle Räume geben soll. Oft wird das Problem in der Senkrechten gelöst: Auf zwei Stockwerke kommt ein drittes oder ein ausgebauter Dachboden. Das kann schöne ruhige Rückzugsräume ergeben, zwingt aber zum Treppensteigen: gut für die Gesundheit, doch schwierig für Alte, Behinderte und sehr kleine Kinder.

Doppelhaushälfte

Reihenhäuser sind umso teurer, aber auch umso besser zu bewohnen, je breiter sie sind. Ein guter Kompromiss zwischen dem teuren freistehenden Heim und dem preisgünstigeren Wand-an-Wand-Modell kann die Doppelhaushälfte oder das Reihenendhaus sein. Letzteres steht aber oft an unruhigen Ecken und ist von mehreren Straßen aus einsehbar, also eher etwas für kommunikative Bewohner als für Freunde des Rückzugs.

Einzeln oder in Reihe? Vor- und Nachteile im Überblick

	Vorteile	Nachteile
Freistehendes Haus	• größte Gestaltungsfreiheit • Distanz zu den Nachbarn • Ausblick nach allen Seiten • Garten von der Straße aus erreichbar • oft Parkplatz auf eigenem Grundstück • viel Grün im Umfeld	• höchste Grundstückskosten • Teil der Freifläche schlecht nutzbar • Garten nicht abgeschirmt • Einblick und Schall von allen Seiten • viele heiz- und pflegeintensive Außenwände • oft schlechte Infrastruktur
Reihen- und Doppelhaus	• niedrige Grundstückskosten • oft rationelle Bauweise • Garten gut abgeschirmt • wenig direkte Einblicke von Nachbarn • pflegefreie und energetisch günstige Seitenwände zum Nachbarn • bei dichter Besiedelung bessere Infrastruktur	• oft verschachtelter Grundriss • teils dunkle Räume • Nachbargeräusche • meist kein Parkplatz auf dem Grundstück • Garten eher klein • eingeschränkte Gestaltungsfreiheit

Townhäuser: Schicke Wohnscheiben

Townhäuser sind hohe, schmale Reihenhäuser mit kleinen Gärten und Vorgärten (wenn überhaupt) mitten in der Stadt. Ihre Vorzüge liegen in der Individualität des Hauses, den oft vielfältigen Räumen und Verwendungsmöglichkeiten. Oft sind im Erdgeschoss Büros oder Praxen untergebracht, so dass die Bewohner im Idealfall zur Arbeit nur eine Treppe hinunterschreiten. Dafür bezahlen sie aber wegen der meist teuren Stadt-Grundstücke und der eher aufwändigen Bauweise oft einen sehr hohen Preis und bekommen nur einen winzigen Garten oder Hof. Ein weiterer Nachteil können die vielen, oft schmalen Treppen im Inneren sein. Es gibt fünfgeschossige Townhäuser, die deshalb sogar einen Fahrstuhl in der Wohnung haben.

Atriumhäuser: intime Freiräume

Gemeinschaftliches Wohnen

Häuser werden zum Gewebe: Sie stehen dicht an dicht und schließen an den linken und rechten Nachbarn und auf einem Teil des Grundstücks auch an das Haus des rückseitigen Nachbarn an. Wo sie kein Nachbarhaus berühren, gibt es oft nur terrassengroße Freiflächen, die ringsum von Wänden und Fenstern des eigenen Hauses und den Hauswänden von Nachbarn umgeben sind. Heutzutage werden solche Hausgruppen kaum noch gebaut, doch in manchen Städten waren sie von der Nachkriegszeit bis etwa 1975 en vogue und werden heute auf dem Gebrauchthäusermarkt häufig angeboten. In der Regel sind es Bungalow-Typen mit nur einer Etage und flachem Dach. Der Hausgrundriss ist oft mehr an Gemeinschaft als an Individualität orientiert – es gibt ja keine Obergeschosse, in die man sich zurückziehen könnte. Das Heizen oder Dämmen kann teuer sein, da die meisten dieser Häuser aus einer wenig energiebewussten Zeit stammen, oft wandhohe Glasfenster und eher dünne Flachdächer haben.

Split-Level-Häuser

Offene Räume

Hier sind die Etagen gegeneinander versetzt angeordnet – zum Beispiel so, dass sie auf der Südseite eines Hauses im Erdgeschoss, im ersten und zweiten Stock liegen, auf der Nordseite dagegen eine halbe Etage über dem Boden, eineinhalb und zweieinhalb Etagen darüber. Zwischen Süd und Nord geht man dann jeweils ein paar Stufen hoch. Das gibt interessante Raumfolgen, aber entweder nur kleine oder viele offene Räume auf den Etagen.

Der Grundriss: Räume auf Papier

Wichtige Informationen

Viele Menschen tun sich mit Grundrissen etwas schwer. Sie sind abstrakt und zeigen die Räume aus der eher ungewohnten Vogelperspektive. Doch Planer und Architekten geben auf Grundrissen die meisten und wichtigsten Informationen über ein Projekt. Man sollte also die kleine Mühe des Hineindenkens auf sich nehmen, will man ein geplantes oder noch nicht besichtigtes Haus beurteilen: Welcher Raum ist wie groß? Wie sind die Zimmer angeordnet? Wie kommt man von einem Raum zum anderen? Ein besonders spannendes Thema ist natürlich das Aufstellen von Möbeln. Große Stücke wie die Schrankwand, das Doppelbett oder die Elemente einer Sitzgruppe können Sie im Maßstab des Grundrisses aus Papier ausschneiden und auf den Grundriss legen. Dann zeigt sich schnell, ob im neuen Haus bestimmte Türen nicht mehr aufgehen würden oder ob für den Schreibtisch kein Platz mehr ist.

Auch wer mit **Maßstäben** keine Übung hat, kann sie mit einem Taschenrechner leicht bewältigen. 1 : 50 bedeutet zum Beispiel, dass auf dem Papier jedes Maß der wirklichen Welt durch 50 geteilt ist. Ein 150 Zentimeter breites Bett ist auf dem Grundriss also drei Zentimeter breit. Und umgekehrt: Wer ein Papiermaß in die Wirklichkeit übertragen will, muss es beim genannten Maßstab mit 50 malnehmen.

GUT ZU WISSEN

Woran man vorteilhafte Wohnungsgrundrisse erkennt

- Relativ große Zimmer liegen an relativ kurzen Fluren. Das heißt, es gibt viel Platz fürs Wohnen und es muss wenig für das Herumlaufen aufgewendet werden.
- Wege, die man häufig zurücklegen muss, sind kurz – etwa zwischen Küche und Esszimmer oder zwischen Schlafraum und Bad.
- Es gibt wenige Durchgangszimmer und „gefangene Zimmer" – das sind Räume, die man nicht direkt vom Flur aus erreicht, sondern nur durch ein anderes Zimmer.

- Alle oder fast alle Räume haben ausreichend große Fenster. Schlauchartige Zimmer mit düsteren Winkeln sind vermieden, erst recht Räume ganz ohne Tageslicht. Auch Küchen und Bäder werden von der Sonne statt von der Glühbirne erhellt.
- Es gibt keine sehr großen und sehr kleinen, sondern ähnlich große Räume. Diese sind für verschiedene Zwecke nutzbar. Zum Beispiel kann ein 18-Quadratmeter-Zimmer zum Schlafen, zum Spielen oder als Heimbüro dienen. Die herkömmliche Aufteilung „großes Wohnzimmer – mittelgroßes Elternschlafzimmer – kleine Kinderzimmer" legt dagegen das Haus zu sehr auf eine bestimmte Lebensphase und bei Wiederverkauf auf einen bestimmten Familientyp fest, der jedoch zunehmend seltener vorkommt.
- Wände lassen sich verschieben, herausnehmen, Türen durchbrechen oder neue einbauen. Die Erfahrung zeigt zwar, dass das nur alle paar Jahrzehnte passiert, meist bei Bewohnerwechseln. Doch das Potenzial sollte da sein. Hierfür darf es möglichst wenige tragende Wände im Inneren des Hauses geben (das sind auf Grundrissen meist die dicker eingezeichneten, von einer Außenwand zur anderen durchgehenden Wände). Erleichtert wird ein Umbau auch durch mehrere schmalere Fenster auf einer Hausseite statt eines durchgehenden, breiten Außenfensters.

Grundstücke: Spezialfall Erbpacht

Pachtzins

Erbpachtgrundstücke kaufen Sie nicht, sondern Sie (und Ihre Erben oder Käufer) nutzen sie für maximal 99 Jahre. Dafür haben Sie am Anfang keine Erwerbskosten für Ihr Bauland, Sie zahlen jedoch anschließend einen Erbpachtzins von jährlich rund drei bis sechs Prozent des Grundstückswerts. Vergleichen Sie den Pachtzins mit dem Zins, den Sie für Ihren Immobilienkredit bei der Bank zahlen müssen. Liegt der Erbpachtzins deutlich niedriger, lohnt sich die Sache. Liegt er höher, ist Erbpacht ein schlechtes Geschäft – erst recht, da ein Kredit irgendwann abgestottert ist, ein Erbpachtzins aber bis zu 99 Jahre weiterläuft. Erbpacht kommt also vor allem für Erwerber mit geringen Ersparnissen oder wenig Kreditspielraum in Frage, die jetzt niedrige Einstiegspreise wollen und dafür in Kauf nehmen, dass ihre laufenden Kosten in späteren Jahren höher sind.

Heimfall

Nach Ablauf der 99 Jahre bekommt der Eigentümer sein Grundstück zurück; dies wird „Heimfall" genannt. Er erhält damit auch das Haus, muss hierfür aber den bisherigen Erbpachtnehmer entschädigen. Erbpachtgeber sind oft Kirchen, die ihr Land nicht verkaufen, sondern nur zur Nutzung auf Zeit (wenn auch auf lange Zeit) vergeben wollen.

Weitere Informationen

- **Grundrisse selber zeichnen**
http://sweet-home-3d.softonic.de

- **Mustergrundrisse aus „Schöner Wohnen"**
www.schoener-wohnen.de/bauen/grundrisse

- **Details zur Erbpacht**
www.baufi-nord.de/html/erbpacht.html

KAPITEL 5

Clever suchen

Keine zwei Häuser auf der Welt sind vollkommen gleich, und auch keine zwei Baugrundstücke. Das macht die Suche nach dem richtigen Objekt spannend, aber auch anstrengend. Denn jedes Haus und jedes Stück Land hat seine eigene Kombination von Vor- und Nachteilen. Das eine liegt am schönsten, das zweite ist praktischer und das dritte besser ausgestattet. Angesichts der Vielfalt ist es umso wichtiger, sich zunächst die wichtigsten Wünsche und Bedürfnisse klarzumachen. Für den einen sind das kurze Wege zur Arbeit und zum Spielplatz, für den nächsten eine ruhige oder lebhafte Umgebung, für den dritten eine ökonomische oder eine repräsentative Wohnung. Nicht nur gleicht keine Wohnung der anderen – sondern es gibt wohl auch keine zwei Wohnungssuchenden, die haargenau die gleichen Vorlieben hätten.

Bedürfnisse klären

Nach wie vor am wichtigsten: die Lage

„Drei Dinge sind wichtig an einer Immobilie", lautet ein alter Maklerspruch. „Erstens die Lage, zweitens die Lage und drittens die Lage". Das ist natürlich übertrieben, hat aber einen wahren Kern: In guten Gegenden, seien es Villenviertel oder die Stadtmitte, sind selbst einfache Häuser und Wohnungen begehrt. Dagegen würde in eine noch so schicke Villa kaum jemand ziehen wollen, wenn sie zwischen Müllkippe und Autobahn steht.

Region

Bei der großräumigen Lage hat man wenig Auswahl: Man sucht in der Region, in der man wohnt oder künftig arbeitet. Nur Millionäre, manche Rentner und Studenten können sich ihre neue Heimat nach Lebensqualität aussuchen. Ganz anders bei der kleinräumigen Lage, also dem Stadtteil oder Ort in der Region: Hier haben Sie die Wahl zwischen citynahen Gebieten, vorstädtischen Neubausiedlungen und Dörfern weit draußen.

Städtische Einfamilienhausgebiete

Ältere Einfamilienhausgebiete innerhalb von Städten können edle Villenviertel sein, aber auch Werkssiedlungen oder historische Bürgerquartiere. Allen gemeinsam ist die relativ gute Lage und Anbindung; schließlich ist die Stadt längst über sie hinausgewachsen. Allerdings sind die Grundstücke teuer, Sie bekommen relativ wenig Wohnfläche und Ausstattung für Ihr Geld. Den höheren Kaufpreis können Sie jedoch später nach und nach wieder hereinholen, wenn Sie etwa ein zusätzliches Auto nicht brauchen, das für das Leben weiter draußen oft nötig ist. Kostet ein solcher Wagen inklusive Wertverlust nur 300 Euro im Monat, dann kann man sich fürs gleiche Geld ein um 60.000 Euro höheres Darlehen leisten (bei fünf Prozent Darlehenszins und einem Prozent Anfangstilgung).

Gute Anbindung

Siedlungen am Stadtrand

Preisgünstiger, aber etwas abgelegener sind Eigenheimgebiete in äußeren Stadtgebieten oder am Stadtrand. Sie entstanden häufig in den 1960er- und 1970er-Jahren, der großen Zeit des Eigenheimbaus, und sind heute oft schön eingegrünt. Die Anbindung ans Zentrum ist im Durchschnitt mäßig – mit Glück fährt in der Nähe des Hauses ein direkter Bus oder eine Bahn, mit weniger Glück ist der Fußmarsch zur Haltestelle weit und diese selten frequentiert. Bei ungünstiger Verkehrslage ist man für alltägliche Wege stark aufs Auto angewiesen. Um die Eignung eines Stadtrand-Heims fürs tägliche Pendeln zu prüfen, sollte man von dort einmal testweise den Arbeitsweg zurücklegen – und zwar nicht Sonntag Abend, sondern zu den Stoßzeiten am Werktagsmorgen oder -nachmittag.

Häuser im Vorort

Es kann durchaus charmant sein, die Idylle der Kleinstadt mit der Nähe zur Großstadt zu verbinden. Größere Vororte haben auch ein eigenes Angebot an Läden, Schulen oder Arztpraxen und oft hübsche, gepflegte Kerne. Ihre Verkehrsanbindung ist sehr unterschiedlich: mal ein Regionalbahnhof mit Non-Stop-Verbindung in die City, mal nur eine überfüllte Landstraße, auf der auch der Bus im Stau steht. Die Verkehrslage beeinflusst natürlich die Preise. Diese sind aber insgesamt niedriger als in der großen Stadt nebenan.

Leben auf dem Dorf

Landidylle?

Landidylle, niedrige Preise und große Grundstücke winken. Zugleich drohen lange Fahrstrecken und eine klägliche Versorgung – in vielen Dörfern gibt es nicht einmal einen Lebensmittelladen. Am besten ist diese Wohnform für Leute geeignet, die nicht dauernd in die Stadt müssen, weder zur Arbeit noch zu Einkauf und Vergnügen. Im Übrigen ist die Umweltqualität auch in Dörfern nicht automatisch hoch: Neben Landstraßen und bewirtschafteten Äckern kann es laut sein; neben großen Ställen ist die Luft nicht gerade frisch. Sehen Sie sich Ihr mögliches Wohndorf genau an – zu Fuß, nicht nur aus dem Auto.

Das richtige Quartier: Auf das Umfeld kommt es an

Ihr Glück als Hausbesitzer hängt nicht nur von Heim und Garten ab, sondern auch von deren Umgebung. Diese durchqueren und benutzen Sie täglich; ihre guten wie ihre schlechten Einflüsse dringen in Ihre private Welt ein. Machen Sie sich klar, was Sie besonders gern in der Nähe Ihrer Wohnung haben möchten und was dort möglichst nicht oder auf keinen Fall sein sollte.

CHECKLISTE

Die richtige Lage für Sie

Kreuzen Sie die vier Punkte an, die Ihnen am wichtigsten sind:

o Grün
o Ruhe
o schöne Häuser
o Freizeiteinrichtungen (Kneipe und Restaurant, Sportplatz und Fitness-Studio, Wald und Schwimmbad)
o Schulen, Kindergärten Dienstleister (Arzt, Friseur, usw.)
o Autobahnanschluss
o Läden
o Arbeitsplätze
o Bahn- oder Bushaltestelle

Je mehr Kreuze sich im oberen Drittel befinden, desto eher sollten Sie in grünen Vororten suchen. Je mehr im unteren Bereich sind, desto städtischer sollten Sie wohnen.

Vielleicht sind auch Ihre Kreuze in oben stehender Checkliste breit gestreut. Dann müssen Sie sich um einen Kompromiss bemühen: kein reines Grün, aber auch kein Kneipenviertel. Gemischte Quartiere haben das breiteste und vielfältigste Haus- und Wohnungsangebot.

Standort-Recherchen: Preise, Pläne, Bauvorschriften

Was kosten Häuser und Grundstücke in der Region? Und welchen Wohnwert hat eine bestimmte Gegend? Zwei amtliche Quellen geben Auskunft: der Grundstücksmarktbericht und die

Bodenrichtwertkarte. Beide sind reich an Daten, aber nicht ganz leicht zu lesen. Man findet sie über den Gutachterausschuss der Landkreise und kreisfreien Städte. Der **Grundstücksmarktbericht** – oft auch online einzusehen – enthält viele Angaben über Immobilienverkäufe je nach Haus- und Nutzungstypen und gibt Informationen über lokale Trends. Allerdings ist es für Laien nicht so einfach, seine eher allgemeinen Aussagen mit den Daten eines bestimmten Objekts in Beziehung zu bringen, für das man sich interessiert.

Die **Bodenrichtwertkarte** enthält für alle Teile einer Gemeinde typische Grundstückspreise – allerdings keine Hauspreise. Anhand der Karte kann man erkennen, ob der Preis eines angebotenen Grundstücks ungefähr im lokalen Rahmen liegt. Wer noch nicht ortskundig ist, gewinnt aus der Bodenrichtwertkarte auch interessante Informationen über die Qualität einzelner Gebiete. Allerdings darf man nicht Dorfrand-Äpfel mit City-Birnen vergleichen, sondern nur Gebiete mit ähnlicher Baudichte.

GUT ZU WISSEN

So liest man Bodenrichtwertkarten

- **Dichte und Höhe der Häuser:** teils beschrieben durch römische Ziffern (z.B. „IV" in Vierteln mit vielen viergeschossigen Häusern), teils durch die Geschossflächenzahl GFZ, z.B. 0,3 in einem locker bebauten Gebiet, 0,6 bei Reihenhäusern oder kleineren Geschossbauten sowie über 0,8 bei größeren Geschossbauten (siehe hierzu auch Seite 67)
- **Gebietstyp:** „W" Wohnen, „G" Gewerbe „M" bzw. „MK" Misch- bzw. ein gemischtes Kerngebiet
- **Grundstückspreise:** Durchschnittspreise je qm Grundstück

Die Stadt- oder Kreismitarbeiter, bei denen Sie die Richtwertkarte einsehen können, helfen meist gern mit Auskünften. Man kann auch anrufen und für bestimmte Adressen den Richtwert erfragen. Allerdings lassen sich das mehr und mehr Kommunen über eine kostenpflichtige 0900-Nummer entgelten.

Auch **Mietspiegel** enthalten Bewertungen einzelner Wohnlagen. Hier sind die Stadtviertel manchmal nach Güteklassen unterschieden – üblich sind „gut“, „mittel“ und „einfach“. Die Angaben sind oft recht pauschal und gelten für den Durchschnitt eines Häuserblocks oder eine Gruppe von Immobilien, nicht für einzelne Häuser und Wohnungen. Und das Qualitätsmaß sagt nicht alles: Gute Wohnlagen können auch steril und abgelegen sein. Umgekehrt können sich auch in einfachen Quartieren hübsche und vor allem erschwingliche Angebote finden.

Künftige Entwicklung

Richtwertkarte und Mietspiegel geben Auskunft über die Gegenwart oder allerjüngste Vergangenheit. Es ist jedoch auch wichtig, die künftige Entwicklung eines Quartiers abzuschätzen: Bleibt es idyllisch, droht ein Wandel oder steht eine Verbesserung bevor? Da kann der **Flächennutzungsplan** weiterhelfen, den man ebenfalls bei der Gemeinde- oder Kreisverwaltung einsehen kann. Oft gibt es auch Nachdrucke zum Mitnehmen.

Geplante Bauvorhaben

Interessant ist nicht so sehr der Zustand der Quartiere, sondern Informationen über geplante Bauvorhaben – von der Bahntrasse über ein wachsendes Gewerbegebiet bis hin zur Lärmschleppe in der künftigen Einflugschneise. Wer am heutigen Stadtrand bauen will, kann an roter oder grüner Farbe erkennen, ob das Siedlungsgebiet hier enden oder in den kommenden Jahren auf die nächsten Äcker erweitert werden soll, so dass die heute noch freie Aussicht verschwindet. Gelbe Linien zeigen etwa an, dass auf dem romantisch verwilderten Grünstreifen hinterm Haus eine Schnellstraße geplant ist. Aber gerade Mammut-Vorhaben stehen oft noch nicht in dem Plan: Autobahnen, Schnellbahntrassen, Flughäfen und ihre Einflugschneisen. Bauten dieser Größenordnung planen nicht die Gemeinden, die die Flächennutzungspläne aufstellen, sondern übergeordnete Behörden.

Bebauungspläne: Regeln für neue Quartiere

Wenn Sie neu bauen, ist der Bebauungsplan besonders wichtig für Ihr Projekt (sofern es für die Gegend einen gibt). Dieser Plan legt manchmal bis in kleinste Details fest, wie sich ein Baugebiet entwickeln soll. Das geht von der Größe und Höhe der Häuser über Dachform und -farbe bis zu der Frage, wo welche Pflanzen gepflanzt werden dürfen oder müssen. Bebauungspläne gelten nicht für einen ganzen Ort, sondern meist für einzelne Neubaugebiete, jüngere Quartiere und größere Projekte. Der Bebauungsplan regelt die Aufteilung und Lage der einzelnen Baugrundstücke, die erlaubte Stellung und Höhe der Häuser, die erlaubten Nutzungen (Wohnen, Handel, Gewerbe usw.) sowie den Verlauf der Straßen und Wege.

Bauamt

Bebauungspläne sind auf dem lokalen Bauamt für jedermann einsehbar. Sie sind aber nicht in erster Linie zur Bürgerinformation gedacht und entsprechend verständlich erstellt, sondern stellen lokale Gesetze dar. Entsprechend formell ist die Sprache. Noch schwieriger sind für Laien meist die Karten mit den abstrahierten Formen, standardisierten Farben, den vielen Kürzeln und Ziffern zu verstehen. Wenden Sie sich an die Behördenmitarbeiter, um Unklarheiten auszuräumen.

Liberalere Regelung

In gewachsenen älteren Stadtteilen ohne Bebauungsplan existiert eine weit liberalere Regelung, der **„Baulückenparagraf" 34** des Baugesetzbuchs. Wo er gilt, darf man ungefähr das bauen, was schon in der Nachbarschaft steht. Erlaubt sind Häuser mit ähnlicher Größe und für ähnliche Zwecke – eine Pizzeria zwischen Kneipe und Tanzbar, aber kein Bürohaus im Eigenheimgebiet. Zwischen zwei Familienheime darf keine Bürovilla. Außerdem sind natürlich die Vorschriften der Bauordnungen zu beachten – namentlich der Mindestabstand zu den Nachbarn und zur Straße.

Wer sich hinreichend der Umgebung anpasst und auch sonst alle Regeln einhält, hat sogar einen Rechtsanspruch auf die Genehmigung seines Projekts. Natürlich gibt es immer wieder umstrittene Grenzfälle: Darf neben eine herrschaftliche Villa mit zwei 3,5-Meter-Etagen ein Neubau mit drei sparsamen Geschossen? Kann zwischen gemischten Wohn- und Bürohäusern ein reines Gewerbeobjekt entstehen? Wer hier Sicherheit will, stellt vor dem Kauf oder dem Erarbeiten detaillierter Pläne bei der Gemeinde eine **Bauvoranfrage**. Die Antwort, der „Bauvorbescheid", gibt wertvolle Orientierung und vermeidet frühzeitig, dass man sich in ein baurechtlich aussichtsloses Projekt verrennt.

Rechtsanspruch

GUT ZU WISSEN

So liest man Bebauungspläne

Nutzung: Im „Allgemeinen Wohngebiet" mit dem Kürzel WA sind außer Wohnhäusern auch kleinere Läden, Praxen und Büros gestattet, im „Mischgebiet" MI dürfen sie größer sein, im „Gewerbegebiet" GE sind reine Wohnhäuser tabu. Wer die Bestimmungen ganz genau studieren will, kann auch in der Baunutzungsverordnung nachschlagen.

Geschossflächenzahl (GFZ): Eine GFZ von 0,4 legt zum Beispiel fest: Die Baufläche darf 40 Prozent der Grundstücksfläche betragen, was auf einem 1000-Quadratmeter-Grundstück theoretisch sowohl einen 400-Quadratmeter-Flachbau bedeuten kann als auch einen zehngeschossigen Turm mit 40 Quadratmetern pro Etage. Meist sind aber solche Extreme durch andere Bestimmungen unterbunden, zum Beispiel durch Höhenbegrenzungen und die Grundflächenzahl (GRZ). Hier bedeutet ein Wert von 0,3: Höchstens 30 Prozent der Grundstücksfläche dürfen bebaut werden, 70 Prozent müssen frei bleiben.

Baugrenze (blaue Linie auf dem Plan): Nur innerhalb dieser Grenze darf gebaut werden.

Baulinie (rote Linie): Die Außenwand muss an dieser Linie stehen, um ein geschlossenes Straßenbild zu bekommen.

Bauweise mit kleinen Buchstaben: Bei offener Bauweise „o" müssen Lücken zwischen den Häusern bleiben, bei geschlossener „g" nicht. „E" erlaubt nur Einzelhäuser, „D" Doppelhäuser und „H" Hausgruppen". Mit „ga" sind Garagen bezeichnet; „gaga" steht für raumgreifende Doppelgaragen.

Geschosszahl: Römische Ziffern nennen die Zahl der erlaubten Etagen.
Gestaltung: Auch Dachformen sind oft festgelegt – etwa mit einem „SD" für Satteldach. Pfeile in den Häusern schreiben die Firstrichtung vor. Festgelegt sind auch oft die Dachneigungen, -materialien und -farben, die Höhe des Kniestocks oder Drempels (der senkrechten Wand der Dachetage unter dem Dachfirst), die Zahl der Stellplätze und manchmal sogar die erlaubten oder gar vorgeschriebenen Pflanzen.

Suchmethoden: Qual und Vergnügen

Die Immobiliensuche in Deutschland ist einerseits ein Vergnügen: Die Auswahl ist groß. Makler, Bauträger und Privatverkäufer präsentieren ihr Angebot bereitwillig in Zeitungen, Prospekten, auf Bauschildern, in Exposés und immer öfter im Internet. Auf Besichtigungsterminen lernt man Stadt und Region ganz neu kennen und sieht die schönsten Traumhäuser. Auf der anderen Seite ist Immobiliensuche die Hölle. Mühsam wühlt man sich durchs Dickicht der Annoncen, telefoniert Makler im Dutzend ab, die erstmal alles über den Interessen wissen wollen, bekommt geschönte und inhaltsarme Exposés, wird bei Besichtigungsterminen versetzt oder drängelt sich mit dreißig anderen in einer schäbigen Hütte. Kein Objekt hält, was die Werbung versprochen hat. Und was gut ist, geht sowieso unter der Hand weg.

Selbstanalyse

Ob die Suche quält oder Spaß macht, ist auch eine Frage der Suchmethode. Am Anfang muss eine Selbstanalyse stehen: Welche Bedürfnisse habe ich, wie viel kann ich für mein neues Haus ausgeben, wie lange will ich es ungefähr behalten? Daraus lassen sich erste Erkenntnisse ableiten, in welcher Gegend und welchem näheren Umfeld Ihr Traumhaus liegen, wie es geschnitten und ausgestattet sein sollte. Damit haben Sie schon ein ziemlich feines Suchraster, mit dem Sie sehr effizient den Markt erforschen können.

TIPP

Sind Sie neu in Ihrer Region? Oder sind Sie seit vielen Jahren nicht mehr umgezogen? Dann sollten Sie nicht gleich mit einer streng systematischen Suche beginnen, sondern sich erst einmal herantasten. Nehmen Sie sich Zeit und besuchen sie fünf, zehn oder zwanzig angebotene Häuser, auch wenn Ihnen viele von vornherein nicht ganz zusagen. Auf diese Weise lernen Sie die regionstypischen Angebote und Marktstrukturen kennen.

Jede Region hat ihre Spezialitäten: Berlin ist zum Beispiel ein Dorado der historischen Villen und der älteren kleinen Stadtrand-Heime; dagegen fehlen Einzelhäuser der gehobenen Mittelklasse. Hamburg bietet wenige schöne Etagenwohnungen, dafür umso mehr gemütliche Eigenheime.

Wer sich in seiner Region auskennt, dem sind auch die Charakteristika einzelner Stadtteile und Vororte vertraut. Ihre Namen sagen aber Neubürgern wenig, einzelne Straßen gar nichts. Hilfe bieten Immobilienführer, etwa die der „Plötz"-Reihe, die es für die wichtigsten Ballungsräume gibt (siehe Hinweise auf Seite 18). Hier ist jeder Stadtteil beschrieben und mit Sternchen bewertet; für die größten Städte gibt es komplette Straßenverzeichnisse mit Klassifizierung und teils sogar Grundstückspreisen.

Immobilienführer

Wenn Sie bereits einige Gegenden, Viertel und lokaltypische Immobilien kennengelernt haben, können Sie Ihre Suche verfeinern und nach Stadtteilen, nach Typen, Größen und Standards von Grundstücken oder Häusern Ausschau halten. Jetzt können Sie die Angebote feiner filtern und brauchen nur noch das zu besichtigen, was wirklich interessant wirkt.

Bauland-Suche: Gemeinden, Architekten und Bekannte

Übersicht im Netz

Im Internet müssen Sie vor allem bei der Suche nach Bauland nicht gleich über kommerzielle Anbieter gehen. Viele Städte haben Übersichten über ihre Baugebiete im Netz. Diese sind jedoch nicht immer leicht zu finden – mal tragen sie das Etikett „Grundstücke“, mal „Baugebiete“, mal „Bauland“ und mal „Bauplätze“. Auf der Website der einen Stadt stehen sie unter „Wohnungsbau“, bei der nächsten unter „Immobilien“, bei der dritten unter „Stadtplanung“ und bei der vierten unter „Liegenschaften“.

Auch Architekten, Bauträger und die Anbieter von Fertighäusern wissen über das regionale Baulandangebot oft gut Bescheid. Und nicht nur bei der Grundstückssuche lohnt es oft, allen nahen und flüchtigen Bekannten vom Kaufwunsch zu erzählen. Irgendwer hat immer einen verkaufswilligen Freund oder kennt einen Erben, der gerade ein älteres Haus loswerden möchte.

Das Angebot: Diese Informationen sollten im Exposé stehen

- Typ (z.B. „Reihenendhaus“, „Dachgeschosswohnung“)
- Preis
- Lage (Straße, Hausnummer)
- Stadtplanauszug mit Lagemarkierung
- Fotos der Straßen- und Gartenseite
- Aktueller Grundriss mit erkennbaren Himmelsrichtungen (Nordpfeil)
- Wohnungsgröße (qm, Anzahl der Zimmer)

- Grundstücksgröße
- Baujahr
- Bauweise
- Ausstattung (Heizung, ggf. Wärmedämmung, Bäder, Küchen, Bodenbelag, Balkon/Terrasse usw.)
- Erhaltungszustand
- Bisherige Sanierungen und Modernisierungen
- Sanierungs- und Modernisierungsbedarf
- Bauliche Besonderheiten (z.B. Schrägen, Wintergärten usw.)
- Zusatzräume (Keller, Speicher, Garage)
- Bei *Eigentumswohnungen*: monatliche Umlage (Wohngeld), Nennung des Verwalters
- Angaben zum Umfeld (Wohnqualität, Einkaufsmöglichkeiten, Schulen, Nahverkehr)

Was fehlt? Schwächen von Hausangeboten

Um zu vermeiden, dass Sie sich zu einer Besichtigung aufmachen, die Sie nur enttäuschen würde, sollten Sie gezielt auf mögliche Schwächen beim Angebot achten:

Achten Sie auf Lücken

Wichtig ist nicht nur, was dasteht, sondern auch, was weggelassen wurde. Wird nichts oder verdächtig wenig zum Erhaltungszustand des Hauses gesagt? Werden keine Umfeldqualitäten genannt? Oder kleistert ein schlechter Makler so viele Werbeworte aneinander, dass einem ganz schwindlig vor lauter bunten Begriffen wird und man am Ende gar nicht weiß, was da eigentlich beschrieben ist? All das sollte Verdacht erregen, aber erst einmal nicht mehr. Es gibt auch Anbieter, die ihr Haus aus purem Ungeschick oder werblichem Übereifer schwach beschreiben, obwohl das Objekt selbst ziemlich stark ist.

Fotos

Eine Quelle oft unfreiwillig gegebener Informationen stellen Fotos dar. Zunächst: Was wird darauf präsentiert, was nicht? Ist das edle Waschbecken im Bad von allen Seiten fotografiert, dagegen nicht die Fassade? Wird die nächste Umgebung nur sparsam gezeigt, deutet sich da aber eine große Straße an? Klafft eine Lücke zwischen Text und Bild – etwa zwischen dem Besingen eines Palastes und dem Präsentieren einer Hütte? Ist es in den Zimmern verdächtig düster; werden keine schönen Ausblicke gezeigt? All das deutet auf Schwächen des Hauses hin.

Grundriss

Worauf es beim Grundriss ankommt, ist in Kapitel 4 beschrieben. Ist ein solcher nicht im Internet-Angebot enthalten, fordern Sie ihn an, bevor Sie das Haus besichtigen. Kann der Anbieter keinen zur Verfügung stellen, dann ziehen Sie andere Besichtigungen vor, bis er einen hat. (Es sei denn, er ist offenkundig ein Tölpel. Dann fahren Sie hin – aber stellen Sie sich darauf ein, dass Sie später noch einiges mehr selbst recherchieren müssen.)

Anbieter

Wer ist der Anbieter? Privatverkäufer wenden einerseits weniger Werbetricks an als Makler. Andererseits sind sie manchmal so unbeholfen, dass sie auch wichtige Qualitäten des Hauses aus Versehen verschweigen. Bei Maklern dagegen sollten Sie von der blühenden Sprache erst einmal die Hälfte abziehen – und die vorsichtige Andeutung eines Negativfaktors doppelt gewichten. Geschönt wird überall: „City-Lagen“ befinden sich vielleicht hinter dem Güterbahnhof, ein „Villenvorort“ kann eine bescheidene Kleinsiedlung sein und „Jugendstil“ ein dunkler Hinterhof.

Manchmal fehlen sogar Grunddaten über Größe, Lage und Preis. Solch nebulöse Angebote kann man bei größerer Angebotsfülle getrost ignorieren.

Manche Makler-Exposés sind so ärgerlich wie geschönte oder magere Anzeigen. Ein Grundriss fehlt oft, Fotos noch öfter. Beim Eigenheim steht nichts über die Grundstücksgröße drin oder den Erhaltungszustand. „Das erfahren Sie alles bei der Besichtigung“, haucht dann eine ahnungslose Assistentin ins

Telefon. Aber erst wenn alle wichtigen Vorfragen geklärt sind, lohnt sich die Investition in die zwei Stunden, die eine erste Besichtigung inklusive An- und Abfahrt kosten kann. Möchte der Makler Basisdaten zuvor nicht herausrücken, ist die Immobilie keinen Besuch wert. Kann er es nicht, soll er erst einmal seine Hausaufgaben machen – schließlich lässt er sich den Verkauf teuer bezahlen. Zum eigentlich selbstverständlichen Service muss man auf dem Immobilienmarkt leider viele Verkäufer, Vermieter und Makler zwingen.

Basisdaten

Makler: So sparen Sie Provision

Wenn ein Immobiliensuchender freiwillig einen Makler beauftragt, ist das seine Sache. Er kann dann mit ihm über das Honorar verhandeln. Wer aber eine Immobilie sucht und sie vom Makler angeboten bekommt, steht vor einem großen Ärgernis: Er hat diesen Menschen nicht beauftragt, er kann mit ihm nicht über den Preis seiner Leistung verhandeln, wenn er das Haus haben will. Das deutsche Maklerrecht widerspricht zweifach den Regeln der Marktwirtschaft: erstens, weil oft nicht derjenige bezahlt, der den Makler ursprünglich beauftragt hat – der Verkäufer. Zweitens, weil man als Nachfrager nicht die Wahl zwischen konkurrierenden Maklern hat, sondern denjenigen bezahlen soll, der auf den Daten des Traumhauses sitzt. Oft verlangen Makler inklusive Mehrwertsteuer bis zu 7,14 Prozent des Kaufpreises. Bei einem 250.000-Euro-Haus sind das 17.850 Euro. Die Gegenleistung des Maklers besteht oft nur in einer 14,90-Euro-Anzeige im Internet, ein paar Besichtigungsterminen und ein paar sehr unkritisch-lobenden Worten über das Haus. Neutrale Beratung, gar Hilfe bei Finanzierung und Prüfung des Kaufvertrags? Fehlanzeige. Denn davon lebt er nicht, sondern nur von der Verkaufsprovision. Theoretisch sollen Makler aber Dienstleister desjenigen sein, der sie bezahlt. Daran kann man sie ruhig erinnern – und wenn nötig

Makler-gebühr

mit dem Hinweis auf ihr Provisionsbegehren ans Arbeiten bringen. Etwa indem man Grundrisse und Recherchen zum Haus verlangt, bei einem Kauf zudem Grundbuchauszüge, Verwalterauskünfte und schließlich Hilfen zu Kauf und Finanzierung.

ÜBERSICHT

Ortsübliche Maklerprovision in Prozent *

	Provision für Käufer	Provision für Verkäufer
Baden-Württemberg, Bayern, NRW, Rheinland-Pfalz, Saarland	3,57	3,57
Berlin, Brandenburg	7,14	keine
Sachsen, Sachsen-Anhalt, Thüringen	5,95 bis 7,14	keine
Hamburg	6,25	keine
Bremen, Hessen, Mecklenburg-Vorpommern	5,95	keine
Schleswig-Holstein	3,57	2,38
Niedersachsen	3,57 bis 5,95	0 bis 3,48

* Angaben ohne Gewähr

inkl. Mehrwertsteuer

Ohne Makler zum Haus: die wichtigsten Wege

- Sie suchen selbst und erzählen jedem Bekannten davon.
- Erfahren Sie aus anderer Quelle von einem Haus, das zum Verkauf steht und auch von einem Makler angeboten wird, dann gehen Sie nicht zu diesem, sondern direkt zum Verkäufer. Wenn dieser nicht im betreffenden Haus wohnt, wissen oft Nachbarn Bescheid.
- Bekommen Sie ein interessantes Haus, von dessen Verkauf Sie schon wussten, jetzt auch noch von einem Makler angeboten, schreiben Sie ihm sofort: „Haus und Verkäufer schon bekannt“.

- Sie besichtigen bevorzugt Objekte, die provisionsfrei angeboten werden.
- Sie ersteigern ein Haus (siehe „Die Zwangsversteigerung: Chance für Nervenstarke“ in Kapitel 7)
- Sie kaufen erst, wenn der Makler die Provision senkt. Wenn er sich bei der Frage danach auf die „ortsübliche Höhe“ der Provision (siehe Tabelle links) beruft, kann man ihn auf eine Studie des Vereins „Wohnen im Eigentum“ hinweisen. Die stellte bei 200 Scheinverhandlungen mit Maklern fest, dass diese bei hartnäckigen Kunden ihre Forderung durchschnittlich um 20 Prozent des „ortsüblichen“ Satzes senken. Vorgeschrieben ist das „Ortsübliche“ ohnehin nicht. Die niedrigere Provision muss aber vor Abschluss des Notarvertrags vereinbart werden – ebenso wie der folgende Deal:

Ortsübliche Höhe

- Sie akzeptieren den Preis eines vom Makler vermittelten Hauses – aber nur, wenn der Verkäufer den Makler ganz oder zumindest teilweise bezahlt.
- Eine häufig praktizierte Methode kann hier nicht empfohlen werden, denn sie ist illegal: Ein scheinbarer Interessent lässt sich vom Makler Adresse und Verkäufer nennen und gibt die Informationen einem echten Interessenten weiter, der dann seinerseits zum Verkäufer geht. Wenn der Makler das beweisen kann, wird er Schadenersatz oder Provision verlangen.
- Sie prüfen hinterher, ob der Makler wirklich Provision kassieren durfte. Er darf nicht, wenn er ein Verwandter, Angestellter oder Firmenpartner des Verkäufers oder wenn er Vormieter oder Verwalter des Hauses ist. Erfahren Sie das nach der Zahlung, können Sie Ihr Geld vor Gericht einklagen. Der Makler hat außerdem nur Anspruch, wenn er den Käufer schriftlich oder vor Zeugen auf die Provisionspflicht hingewiesen hat.

Provision rechtmäßig?

- Sie prüfen, ob der Makler böswillig gehandelt hat, so dass ihm keine Provision zusteht – siehe Beispiele:

GUT ZU WISSEN

Wann Maklern keine Provision zusteht – Gerichtsurteile

- Der Makler setzte den Kaufinteressenten massiv unter Druck nach dem Motto „Sofort erwerben, oder es wird viel teurer" (OLG Düsseldorf, AZ 7 U 68/98).
- Ein Makler behauptete fälschlicherweise, der genannte Preis sei das letzte Angebot des Verkäufers (OLG Koblenz 5 U 225/01).
- Der Makler verlangte während der Kaufverhandlung beim Notar plötzlich sechs statt der zunächst vereinbarten drei Prozent Provision (LG Trier 1 S 76/03).
- Der Makler gab vor, sowohl im Auftrag des Käufers wie auch des Verkäufers zu arbeiten, agierte aber nachweisbar nur als Interessenvertreter des Anbieters (OLG Karlsruhe, 15 U 20/03).
- Ein Makler nannte dem Käufer eine Wohnfläche, von der er wusste oder hätte wissen müssen, dass sie nicht korrekt war (LG Münster, 10 O 737/03).
- Der Makler verschwieg, dass das Objekt von Hausbock befallen war (BGH III ZR 295/04), dass in der Nähe eine Mülldeponie lag (OLG München 19 U 5369/04), dass es Schimmel hatte und Rohre verrostet waren (OLG Naumburg 9 U 84/01) oder dass es Dachschäden gab (OLG Celle 11 U 170/02). All diese Makler mussten nicht nur die Provision zurückzahlen, sondern auch den Schaden der Erwerber ersetzen.

- Anspruch auf Provision hat der Makler auch nicht, wenn er nur die Adresse, aber nicht den Verkäufer nennt (KG Berlin 10 U 3177/98). Aber davon gibt es eine Ausnahme: Erhält jemand vom Makler den Ort genannt und ermittelt dann den Verkäufer selbst, muss er Provision zahlen.
- Eine Maklerprovision ist auch nicht fällig, wenn das Projekt an Dritten scheitert. Etwa wenn die Gemeinde ein Vorkaufsrecht ausübt oder wenn ein Grundstück doch nicht bebaut werden darf und für diesen Fall ein Rücktrittsrecht im Kaufvertrag steht.

Außerdem wichtig: Bekommen Sie ein interessantes Haus von mehreren Maklern angeboten, müssen Sie allen außer dem ersten sofort schreiben: „Objekt schon bekannt" und dazu den

Makler oder eine andere Quelle nennen, aus der Sie davon erfahren haben. Sonst müssen Sie am Ende mehrfach zahlen.

Bestandskauf: Richtig auswählen, schätzen und modernisieren

Die Anschaffung und die Anpassung eines älteren Hauses wollen ganz anders geplant sein als ein Neubau. Einerseits gestaltet sich der Ablauf einfacher, weil schon Substanz da ist, die den Rahmen absteckt und ihre eigenen Vorgaben macht – Sie sehen und spüren, was Sie bekommen. Andererseits ist ein vorhandenes Haus heikler, weil es Spielräume einengt, manchmal die Fantasie bremst, seine Qualität nicht immer in allen Punkten prüfbar ist. Aber auch, weil bei Modernisierungen und Anbauten das Zusammenspiel von vorhandenem Haus und Neubau manchmal besonders schwierig ist – bautechnisch ebenso wie gestalterisch und funktional.

Unterschiede zum Neubau

Auf dem Markt ist der Trend aber klar: Drei Viertel aller Wohnbauten im Land sind älter als dreißig Jahre. Es werden mehr ältere Einfamilienhäuser gekauft als neue gebaut – zuletzt lag das Verhältnis bei 56 zu 44. Dementsprechend fließt mehr Geld in die Modernisierung und Sanierung von Häusern als in Neubauten. Die Hauptgründe: Bereits bestehende Häuser sind meist billiger, liegen günstiger und es muss nicht erst Bauland amtlich ausgewiesen und erschlossen werden.

Trend

Auch die Alternative „Abriss und Neubau“ kommt oft nicht in Frage. Wegen der Kosten – und weil an einen geplanten Neubau von den Baubehörden meist viel strenge Maßstäbe angelegt werden, als an ein seit langem bestehendes Haus. Dieses müssen die Ämter im Wesentlichen so nehmen, wie es ist. „Bestandsschutz“ heißt das Stichwort. Neubauten müssen stärker gedämmt und besser gegen Feuer gesichert sein, müssen möglicherweise neuen Gestaltungsvorschriften genügen, oft

Bestandsschutz

größere Abstände zu den Nachbarhäusern einhalten und dürfen manchmal weniger Fläche haben als ein Haus, das bereits an gleicher Stelle steht. An manchen Orten dürfte nach einem Abriss gar kein Wohnneubau mehr errichtet werden – draußen in der Natur ebenso wie in einem Gewerbegebiet. Wegen des Bestandsschutzes lohnt es sich oft, in die Modernisierung eines Altbaus mehr Geld zu stecken, als ein gleich großer Neubau kosten würde – einfach deshalb, weil der auf dem vorhandenen Grundstück gar nicht entstehen dürfte.

Fabriken, Bahnhöfe, Bauernhöfe: der Reiz des Umbaus

Originelle Wohnformen

Ihr künftiges Heim muss nicht in jedem Fall ein bisheriges Wohnhaus sein. In bisher gewerblich genutzten Gebäuden lassen sich sogar außerordentlich schöne, großzügige und originelle Wohnformen realisieren. Das gilt zum Beispiel für Hinterhof-Remisen oder frühere Werksgebäude, für stillgelegte kleine Bahnhöfe oder einstige öffentliche Gebäude wie Schulen oder Polizeistationen, und auf dem Land natürlich für ehemalige Bauernhöfe. In den Umbau müssen Sie viel hineinstecken, haben aber oft große gestalterische Spielräume. Achten Sie aber gerade bei einstigen Gewerbebauten auf Altlasten, etwa Öl oder Chemikalienrückstände im Boden. Und vergewissern Sie sich in jedem Fall vor dem Kauf, ob der Umbau zum Wohnhaus technisch und finanziell machbar ist – und ob die Behörden ihn zulassen.

Achtung, Mängel!

Bei der Haussuche gilt wie in der Partnerschaft: Auch wenn Sie sich spontan verlieben, verlieren Sie nicht den Kopf! Sondern prüfen Sie, bevor Sie sich ewig oder auch nur für den nächsten Lebensabschnitt an ein Haus binden. Bei Bauzustand, Technik, Ausstattung und Funktionalität kann es unzählige Mängel geben, von denen viele nur Experten auffallen. Nehmen Sie also vor dem Kauf einen Architekten oder Ingenieur mit, der Erfahrung mit älteren Häusern hat.

TIPP

So finden Sie einen Sachverständigen
Sachverständige finden Sie im Telefonbuch oder über Internet-Suchmaschinen wie http://svv.ihk.de → Sachverständige suchen. Öffentlich bestellte und vereidigte sind sie meist teurer als „freie". Sie brauchen Sachverständige, wenn Sie selbst irgendwelche Zweifel am Bauzustand haben oder unsicher sind, ob der geforderte Preis gerechtfertigt ist. Die Experten prüfen das Haus technisch wie wirtschaftlich auf Herz und Nieren. Meist nehmen sie ein vierstelliges Honorar. Aber das lohnt sich allemal, wollen Sie bei einer Anschaffung von mehreren hunderttausend Euro Sicherheit haben oder einen Fehlkauf vermeiden.
Sachverständige praktizieren unterschiedliche Rechenverfahren, für ältere Einfamilienhäuser traditionell meist das **Sachwertverfahren**. Hierbei wird ermittelt, welche Kosten bei einem Neubau (Ersatz) des zu bewertenden Objekts entstehen würden. Im Anschluss wird die Abnutzung bewertet und abgezogen. Dabei legen die Sachverständigen aber standardisierte Verfallszeiten („Restnutzungsdauern") zugrunde, die nicht immer realistisch sind. Als Argumentationshilfe gegenüber dem Verkäufer kann ein Gutachten aber nützlich sein, denn meist ist die Schätzung des Werts eher vorsichtig, also käuferfreundlich.

Bauakten

Besorgen Sie wenn möglich vom Verkäufer oder auf dem Bauamt Bauakten, die zumindest Fachleuten etwas über Konstruktion und verborgene Materialien sagen. Und muten Sie dem Verkäufer Ihre, wenn nötig, stundenlange Prüfung des Hauses auf Herz und Nieren zu.

Welche Informationen Ihnen der Verkäufer geben muss

Eigentlich ist der Verkäufer verpflichtet, Sie über alle gravierenden und vor allem die nicht sichtbaren Mängel aufzuklären, die er kennt. Wenn er es unterlässt, kann er sich später jedoch manchmal darauf herausreden, dass er den fraglichen morschen Balken selbst nicht gesehen habe. Und selbst wenn

Sie ihm eine Lüge oder böswilliges Verschweigen nachweisen, kommen Sie vielleicht erst nach einem jahrelangen Prozess an Ihr Geld, und nicht einmal an alles. Zudem haben Sie immensen Ärger mit Großreparaturen im gerade erst bezogenen Haus. Daher sollten Sie sich selbst ein möglichst umfassendes Bild vom Zustand der Immobilie machen. Achten Sie neben Schäden auch auf mögliche Gifte, vor allem bei Häusern aus der technikverliebten Zeit von 1960 bis 1980. Damals verwendete man sorglos Asbest, Holzschutzmittel, Formaldehyd, PVC und Weichmacher, Kleber, giftige Dichtungs- und Dämmstoffe und Elektrogeräte, die Flammschutzmittel ausgasen. Dies oder verborgenen Schimmel zu übersehen, gefährdet nicht nur Ihr Wohnglück und Ihr Portemonnaie, sondern Ihre noch viel wertvollere Gesundheit. Fragen Sie also den Verkäufer bei nur leisem Verdacht ausdrücklich nach bestimmten Mängeln und Stoffen, lassen Sie sich sein „Nein" schriftlich geben und lassen sie auch ein „harmlos" wirkendes Haus mindestens einmal von einem schadenskundigen Experten besichtigen.

Gifte

Expertenprüfung

Nach einer Studie von Infratest investieren Käufer von Gebrauchthäusern im Schnitt zusätzlich 32.000 Euro in eine bessere Gebäudesubstanz; nach LBS-Research fangen drei von vier frischgebackenen Eigentümern gleich nach dem Kauf an zu renovieren und zu sanieren. Ganz oben in der Modernisierungs-Hitliste stehen natürlich das Energiesparen und neue Technik; es folgen Ausbauten und Erweiterungen sowie Grundriss-Änderungen.

Ermittlung der Kosten

Eine Kunst für sich ist die Ermittlung der Kosten für Umbau, Sanierung und Modernisierung. Von einem professionellen Planer erhalten Sie schon früh eine Kostenschätzung, sobald die sichtbaren Schäden aufgelistet sind, sowie Ihr Umbau- und Modernisierungsbedarf definiert ist. Sobald Angebote von Handwerkern vorliegen und die Preise für Materialien und Ausstattungsgegenstände recherchiert sind, wird daraus ein Kostenanschlag. Spätestens hier beginnt oft das Sparen. Aber das muss nicht schmerzhaft und enttäuschend sein.

TIPP

Hauskauf und -renovierung: Wo Sie Kosten sparen können

- Sparen Sie an nichts, was Sie später teuer kommt. Das können Billigmaterialien oder unqualifizierte Arbeit sein, aber auch Dinge, die später die Betriebskosten treiben – vor allem die fürs Heizen.
- Wenn Sie für ein Teilprojekt staatliche Förderung erhoffen, dann fragen Sie sich selbstkritisch: Mache ich das vor allem, um die Subventionen mitzunehmen? Oder würde ich es ansonsten auch tun? Nur dann sollten Sie sich darauf einlassen, sonst aber lieber auf die Förderung verzichten.
- Überlegen Sie, was Sie auf spätere Jahre verschieben können, und tun Sie das. Aber beziehen Sie solche Projekte schon jetzt in Ihre Planung ein. Das betrifft zum Beispiel den Ausbau von Dach und Keller, eine Dachgaube, den Balkon oder Wintergarten, den Kamin oder Weiteres, was bei Ihrer momentanen Finanzlage noch nicht in Frage kommt. Auch neue Möbel können meist warten.
- Überlegen Sie, was Sie wirklich dauerhaft brauchen und was nur ein schöner Luxus wäre, zum Beispiel die Sauna im Keller oder der Carport.
- Beim Setzen von Prioritäten hilft oft die Faustregel „Drinnen ist dringender als draußen": Geschossdecken oder Rohre bekommen Sie später kaum noch mit vertretbarem Aufwand modernisiert. Neue Fassadenfarbe oder ein frischer Gartenteich gehen dann immer noch.

Baudenkmal: romantisch, aber unberechenbar

Denkmalschutz

So genau Sie auch planen, gilt doch immer die Regel: An einem Altbau ist mehr zu tun, als Sie denken. Bei größeren Projekten brauchen Sie stets ein paar tausend Euro Reserve – auf dem Sparbuch oder als Kreditspielraum bei der Bank. Am größten ist das Überraschungspotenzial bei einem Baudenkmal. So reiz- und verdienstvoll es ist, ein historisches Erbe zu bewahren und zu bewohnen, so überraschend und teuer können die Forderungen der staatlichen Denkmalschützer sein. Kaufen Sie ein Denkmal zur Modernisierung nur, wenn schon alles Wichtige genehmigt ist oder wenn Sie finanziell wie (bau-)zeitlich einen gewissen Spielraum haben. Naive Hoffnungen auf das Nachgeben von Behörden und die komplette Planbarkeit von Denkmal-Modernisierungen sind dagegen schon oft geplatzt. Da trösten dann auch nicht eventuelle Zuschüsse sowie der bundesweite Steuerrabatt: Zehn Jahre lang dürfen Sie Ihr steuerpflichtiges Einkommen um je neun Prozent der für die Denkmal-Bewahrung nötigen Kosten mindern – als selbst einziehender Eigentümer ebenso wie als Vermieter. Aber hierauf sollten Sie in Ihrer Kalkulation nicht zu sehr bauen. Erstens bekommen Sie den Steuerrabatt erst nach und nach, doch die Kosten haben Sie sofort. Zweitens ähnelt das Ganze ein wenig der Lotterie: Das Finanzamt behält sich das Urteil vor, ob eine Investition wirklich nötig für den Erhalt des Denkmals war. In den letzten Jahren wurden die Ämter hier immer strenger. Investitionen, die modernen Wohnwert schufen, wurden kaum noch anerkannt, sondern nur noch der Substanzerhalt.

Steuerrabatt

Steuerrabatte gibt es auch für Investitionen in Sanierungsgebieten: acht Jahre lang vermindert sich der steuerpflichtige Teil Ihres Einkommens um neun Prozent der Sanierungs-Investitionen (nicht des Kaufpreises!) und in den darauf folgenden vier Jahren um sieben Prozent. Aber auch hier unterliegen Sie engen Vorgaben bei der Gestaltung, einem eventuellen Verkauf oder bei der Vermietung von Einliegerwohnungen. Zudem drohen hohe Abgaben für die Erschließung von Grundstücken mit neuen Straßen und Leitungen sowie die Aufwertung, die die öffentlichen Investitionen Ihrer Immobilie angeblich beschert haben – auch wenn deren Marktwert gar nicht gestiegen ist.

Enge Vorgaben

Energie sparen und den Preis kalkulieren

Energieeinsparverordnung

Egal, wo Sie ein altes Haus aufmöbeln: Wann immer Sie es grundlegend sanieren (amtlich: bei „wesentlichen Umbauten“) oder wenn Sie erweitern, gelten strenge Vorschriften wie die Energieeinsparverordnung EnEV (mehr in Kapitel 6), ob Sie diese für sinnvoll halten oder nicht. Es kann dann passieren, dass Sie einen noch gut erhaltenen Außenputz erneuern müssen, weil er nicht ausreichend dämmt, dass Ihre Fenster und Türen neues Glas brauchen oder dass Sie Böden und Decken wärmeisolieren müssen. Heizkessel müssen Sie ab einem bestimmten Alter ohnehin erneuern.

Erwerbspreis

Ebenso sorgfältig wie der Um- und Ausbau eines älteren Hauses will natürlich sein Erwerbspreis kalkuliert sein. Da jedes Haus ein Einzelstück ist, sind die Preise oft nur schwer vergleichbar. Spätestens nach dem zehnten besichtigten Haus entwickeln Sie aber ein recht solides Gefühl dafür, ob ein Anbieter auf, über oder unter dem lokalen Marktniveau liegt (vorausgesetzt natürlich, Sie kennen das Objekt mit all seinen Qualitäten und Fehlern schon gut genug). Sie können aber auch hierzu immer einen Sachverständigen zu Rate ziehen.

Makler

Makler dagegen schätzen den Wert meist oberflächlicher und vor allem verkaufstaktischer. Wo sie viele Interessenten erwarten, setzen sie den Preis hoch an – das ist gut für die Provision. Wo sie mit flauem Markt rechnen, verlangen sie womöglich zu wenig – das ist dann ein kleines, aber dafür schnelles Geschäft. Aber auch hier gilt: Was Sie beim Haus womöglich sparen, zahlen Sie im ungünstigen Fall bei der Maklerprovision wieder drauf.

Die Besichtigung: Worauf Sie vor Ort achten müssen

Bevor Sie losfahren, sollten Sie sich auf dem Stadtplan und per Google Earth einen ersten Eindruck von der Umgebung verschaffen. So sehen Sie die Anteile von Grünem und Grauem, erkennen den günstig gelegenen Bahnhof drei Ecken weiter oder die unangenehme Schnellstraße gleich hinter dem Haus. Wenn Sie zweifelsfrei feststellen, dass das Haus für

Ihre Wünsche und Bedürfnisse in der falschen Gegend liegt, fahren Sie gar nicht erst hin. Ist der Eindruck noch unsicher oder die Gegend bloß unbekannt, dann fahren Sie auf jeden Fall.

Mehrmalige Besichtigung

Haus- und Wohnungsbesichtigungen finden oft am Wochenende statt. Das verzerrt manchmal den Eindruck: Die Straßen und die Bahnen sind nicht so voll; die Fahrt geht schnell und vor Ort ist es ruhiger als unter der Woche; vor Stadthäusern gibt es mehr freie Parkplätze. Also sollten Sie interessante Häuser nochmals an einem Werktag besichtigen. Und wenn beim ersten Mal die Sonne gelacht hat, sollten Sie das Haus vor Ihrer Entscheidung auch an einem trüben Tag gesehen haben. Nicht, um sich den guten Eindruck zu verderben, sondern für den Härtetest: Nur das, was Sie auch in weniger guter Atmosphäre noch mögen, sollten Sie wirklich kaufen. Umgekehrt gilt: Wenn Sie das erste Mal unter der Woche da waren, kommen Sie noch einmal am Wochenende. Da lässt vielleicht das Grundrauschen nach, aber einzelne Störgeräusche fallen stärker auf. Oder der Trampelpfad hinter dem Garten entpuppt sich als sonntäglicher Massenwanderweg.

Potenziale

Trotz angenehmen ersten Eindrucks gebrauchen Sie weiter Ihren kritischen Verstand! Und umgekehrt: Lassen Sie sich von einem schlechten ersten Eindruck nicht gleich abschrecken. Ist ein Haus heruntergekommen, lässt es sich vielleicht hübsch modernisieren. Wenn es verschachtelt ist, hilft vielleicht das Herausreißen von Wänden. Sehen Sie also nicht nur das Haus, wie es ist, genau an, sondern auch seine Potenziale. Und halten Sie sich nicht an Details fest. Goldene Wasserhähne sind kein Hauptgrund für den Kauf; umgekehrt sind giftgrüne Küchenfliesen kein Grund, sofort wieder kehrt zu machen.

Die wichtigsten Punkte beim Gang durchs Haus, über das Grundstück und durch die Nachbarschaft

Auf Folgendes sollten Sie bei Ihrer Besichtigung achten:

- **Flächen und Räume, Grundriss und Schnitt** – der jetzige, aber auch der machbare. Wenn Sie schon ans Entfernen von Wänden denken, fragen Sie den Verkäufer, ob diese tragend sind. Beim Raumeindruck orientieren Sie sich nicht an den Möbeln des Verkäufers, sondern stellen Sie sich das Zimmer mit Ihren eigenen vor. Es kann dadurch voller oder geräumiger wirken. Nicht nur hier ist Fantasie ist gefragt: Wie wird ein geplanter Neubau innen und außen tatsächlich wirken, wenn er erst steht? Kann eine düstere alte Bude strahlen, wenn man sie heller streicht und möbliert? Wer Vorstellungskraft hat, ist gegenüber anderen Suchenden im Vorteil: Viele beurteilen eine Immobilie nur nach deren aktuellem Erscheinungsbild und lassen sich Entwicklungschancen entgehen. Das drückt den Preis, wenn deshalb schon zwanzig Leute umgekehrt sind.

Fantasie gefragt

- **Licht und Ausblick**. Steht da draußen ein Baum? Er kann erfreuen, aber auch verschatten. Bei einer Winterbesichtigung müssen Sie sich das sommerliche Laub vorstellen, das viel Licht nehmen kann. Kann es im Zimmer mit dem schicken Riesenglasfenster im Sommer brüllend heiß werden? Und steht gleich draußen vor der Tür eine Straßenlaterne, von der nachts Licht ins Schlafzimmer flutet? Achten Sie darauf, wo Morgen-, Mittags- und Abendsonne hinein scheint. Sollte während der Besichtigung der Himmel bedeckt sein, machen Sie sich per Karte oder Kompass die Ausrichtung des Hauses klar.

Lichtverhältnisse

- Prüfen Sie den oberflächlich erkennbaren Zustand von **Bausubstanz und Technik** sowie sichtbaren Reparatur- und Modernisierungsbedarf. Lassen Sie sich aber nicht von frischer

Farbe oder edlen Waschbecken blenden. Dahinter können Verfall und rostige Rohre lauern. Ein länger nicht repariertes Dach sowie Dachfenster sollten Sie möglichst noch einmal bei Regen ansehen. Und je älter das Haus ist, desto wichtiger ist eine zweite Besichtigung in Begleitung eines Experten.

TIPP

Machen Sie vor Ort eine erste Tiefenanalyse. Stechen Sie in hölzerne Dachbalken oder Wände einen Schraubenzieher – geht das leicht, ist das Holz morsch. An verputzte Wände klopfen Sie mit dem Schraubenziehergriff. Wo es hohl klingt, ist der Putz locker.

- Die Besichtigung sollte auch Beriechung sein. Muff oder Moder? Verdächtig! Starker Kaffee- oder Blumenduft? Auch verdächtig: So versuchen Verkäufer, **schlechte Gerüche** zu überdecken. (Ein Ratgeberbuch für den Immobilienverkauf empfiehlt das allen Ernstes).

- Verstärkte Aufmerksamkeit verdient das Thema **Energie**. Wie ist das Haus isoliert, wie wird es geheizt – und wie alt ist der Heizkessel? Setzen Sie nicht allzu sehr auf den Energiepass, den jeder Verkäufer haben muss – vor allem nicht, wenn es sich um den üblichen Verbrauchsausweis handelt, der nur auf Basis der Energieabrechnungen der letzten Jahre erstellt wurde. Hier muss „Grün" nicht heißen, dass die Heizung effizient und die Dämmung gut ist. Es kann statt dessen bedeuten, dass das ältere Bewohnerpaar seine Winter auf Teneriffa verbringt oder dass hier genügsame Menschen leben, die drei Pullover übereinander anziehen, bevor sie heizen. Umgekehrt kann ein leidlich isoliertes Haus auf dem Energiepass „Rot" haben, weil die Bewohner leicht frösteln, weil sie den ganzen Tag zuhause oder so gedankenlos sind, im Winter oft die Fenster auf Kipp zu stellen.

Energiepass

In Neubaugebieten sollten Sie sich im Klaren sein, dass eine heute bestehende große Wiese morgen zugebaut sein kann. Mithilfe des Plans für die Siedlung (evtl. dem Bebauungsplan, siehe oben) sollten Sie feststellen, was hier noch gebaut werden kann und soll. Unverbaubar sind nur wenige Ausblicke, zum Beispiel am steilen Hang oder direkt am Naturschutzgebiet.

TIPP

Sprechen Sie Nachbarn an – entweder gleich über den Gartenzaun oder an der Haustür. Oder Sie notieren sich die Namen am Briefkasten und rufen später an. Die meisten Menschen sind auskunftsfreudig, wenn man sein Ansinnen schildert. Zumal für sie natürlich spannend ist, wer nebenan einziehen könnte.

Krönung der Recherche ist auch hier der Auftrag an einen Bausachverständigen, ein **Gutachten** zu erstellen. Wenn Sie sich bezüglich der Güte des Untergrunds nicht ganz sicher sind, sollten Sie zunächst Anwohner fragen. Wenn auch dann noch Zweifel bleiben, erwägen Sie auch ein **Bodengutachten** – vor allem bei unbebauten Grundstücken und in feuchten Gegenden, etwa nahe an Ufern. Ein solches kostet zwar deutlich über 1.000 Euro, kann Sie aber vor viel teureren Fehlinvestitionen bewahren. Ein Gutachter ist zum Beispiel in der Lage, den höchsten denkbaren Grundwasserstand zu ermitteln, die Tragfähigkeit des Bodens oder die Existenz von Altlasten.

Wichtig: Lassen Sie sich nicht vom Makler oder Verkäufer mit dem Hinweis auf (angebliche) andere Interessenten unter Druck setzen. Besser, Ihnen geht ein gutes Haus durch die Lappen, als dass Sie voreilig eins kaufen, das sich später als Fehlgriff erweist.

Weitere Informationen

- **Immobilienbörsen, Zeitungen mit Immobilienangeboten und andere Quellen**

www.immoportal.de → Branchenführer → Immobilien → Immobilienangebote

- **Immobilien im Internet: Die Marktführer**

Portal	Angebote	Mindestpreis in €
ImmobilienScout24.de	1,2 Mio.	34,95
Immonet.de	950.000	19,95
Immowelt.de	960.000	14,90

Angebot und Preis: Firmenangaben auf immobilienportale.com, Stand September 2010

- **Ausführliche Checkliste zur Besichtigung**

www.haus-blick.de → Service → Objektbesichtigung

- **Berufsverband der Makler**

Immobilienverband Deutschland IVD
Littenstraße 10
10179 Berlin
Tel. 0 30/27 57 26-0
Fax 0 30/27 57 26-49
E-Mail: info@ivd.net
www.ivd.net

KAPITEL 6

Zukunftsfest planen

Ihr Haus bauen oder kaufen Sie für sich selbst und Ihre Familie – für wen sonst? Trotzdem sollten Sie bei der Suche und bei der Planung nicht nur an Ihre jetzigen Bedürfnisse denken. Denn diese können sich wandeln. Und es kann irgendwann der Fall eintreten – vielleicht soll er das sogar –, dass Sie das Haus verkaufen wollen. In einem solchen Moment soll es nicht Ihnen gefallen, sondern möglichst zahlungskräftigen anderen Leuten.

Wie aber bekommt man das unter einen Hut – die eigenen Wünsche von heute und von übermorgen zu erfüllen und zugleich die eines Fremden in zehn oder vierzig Jahren? Es klingt unmöglich, aber es geht. Man muss dafür kein genialer Prophet sein, der die Zukunft genau kennt. Im Gegenteil: Das Erfolgsgeheimnis liegt darin, ein Haus so zu gestalten, dass es verschiedenen Bedürfnisse gerecht wird. Dann ist die Wahrscheinlichkeit hoch, dass es für Sie selbst und für andere auch noch in ferner Zukunft gut zu gebrauchen ist.

Verschiedene Bedürfnisse

Ein Blick in die Zukunft

Um aber wenigstens ein bisschen Planungssicherheit zu haben, wagen wir einen Blick ins künftige Deutschland – etwa dreißig Jahre voraus in das Jahr 2040. Da werden wir einige Millionen weniger sein, zumindest die hier Geborenen. In manchen Gegenden leben trotzdem mehr Menschen als heute, vor allem in den ganz großen Städten, in den Zentren von Wissenschaft und Forschung sowie in den Genießer-Regionen mit schöner Landschaft und schönem Wetter. In anderen sind es dagegen weitaus weniger – vor allem in einstigen und heutigen Industriegegenden, aus denen sich Chemiewerke, Auto- und Großmaschinenbauer verabschieden, sowie aus ländlichen Gegenden. Es wird viel mehr Ältere geben, dafür weniger Familien mit Kindern und junge Alleinlebende. Die Haushalte sind also eher kleiner. Viele Menschen leben aber in großen Wohnungen und Häusern, auch allein oder zu zweit. Diese haben sie einst für sich und ihre Kinder gekauft oder als kinderlose Doppelverdiener mit großen Raumwünschen.

Weniger Familien

Arbeit und Freizeit werden noch stärker miteinander verflochten sein. In der Welt der reifen Elektronik wird noch viel mehr als heute daheim geschafft, gehandelt, gelernt und mit fernen Mitmenschen geschwatzt. Viele haben mehr Freizeit und legen Wert auf eine Wohnumgebung, die harmonisch und abwechslungsreich zugleich ist. Der ungedämmte Altbau des 20. Jahrhunderts mit einem Öl- oder Gaskessel im Keller und immensem Heizbedarf ist hoffnungslos veraltet.

Strategien für Boom- und Krisenregionen

Perspektiven

Was bedeutet all das für Ihre Hauswahl von heute? Zunächst: Versuchen Sie die Perspektiven Ihrer Stadt oder Region zu schätzen. Sind Arbeitskräfte hier begehrt und stimmt die Mischung aus zukunftsträchtiger Arbeits- und angenehmer Freizeitwelt, dann investieren Sie eher etwas mehr als zu knapp. Recht viel zahlen müssen Sie ohnehin schon heute. Aber Sie können realistischerweise auf weiteres Wachstum setzen – auf steigende Immobilienpreise, Mieten und Einkommen, inklusive Ihrem eigenen.

Eine andere Langfrist-Strategie empfiehlt sich für Regionen, in denen Wirtschaft und Einwohnerzahl eher schrumpfen. Hier sei offen gesagt: Es kann sein, dass Sie für Ihr Haus in dreißig Jahren nur einen relativ bescheidenen Verkaufspreis erzielen. Deshalb auf den Bau oder Kauf verzichten? Nein: Man kann ihn auch hier wagen, zumal schon heute die Preise meist mäßig sind. Man sollte den Immobilienerwerb nur realistisch und ohne Illusionen angehen. Und das heißt: Kaufen, wenn es der eigenen Lebensqualität dienen soll und nicht so sehr dem künftigen Ertrag – wenn Sie also ein Haus-Schnäppchen machen können und niedrige Hypothekenraten haben oder wenn Sie Ihre Wohnvorstellungen als Mieter nicht verwirklichen können, weil es dafür kein Angebot gibt. Soll Ihr Haus der Altersvorsorge dienen, dann setzten Sie nicht auf einen lukrativen Verkauf, sondern planen es als Refugium für den mietfreien Lebensabend. Und da Sie in solchen Regionen beim Vermögensaufbau nicht zu einseitig auf die Immobilienkarte setzen sollten, nehmen Sie im Zweifel lieber kein zu großes Haus. Das spart später auch Geld für Heizung, Pflege, Reparaturen, Grundsteuern und Weiteres.

Altersvorsorge

Lieber gute Lage als große Immobilie

Sowohl in wachsenden Regionen als auch in stabilen und schrumpfenden sollte das Grundmotto lauten: Klasse ist wichtiger als Masse, die richtige Lage ist wichtiger als eine extreme Größe. Natürlich darf es nicht zu eng sein – auch nicht in den einzelnen Zimmern. Ein 100-Quadratmeter-Haus mit drei bis vier angenehm großen Wohn-, Arbeits- und Schlafräumen hat auf dem künftigen Markt sicher bessere Chancen als ein gleich großer Schachtelbau mit fünf Zimmerchen. Nicht nur, weil die meisten Haushalte kleiner sind. Sondern auch, weil sich größere Räume vielfältiger einrichten und nutzen lassen als enge Funktionskammern.

Raumaufteilung

Was Sie an der Größe sparen können, investieren Sie in eine gute Adresse – am besten in eine gewachsene Gegend mit einer Mischung aus Wohngebiet und Arbeitsplätzen, von Bau- und Haustypen sowie von Grün und Urbanität. Solche Gegenden schätzen in Zukunft alle: die vielen quicklebendigen Jung-Rentner, die elektronischen Heimarbeiter, aber ebenso die, die auch künftig 50 oder 60 Wochenstunden im Büro verbringen

Gute Adresse

und ein praktisches, citynahes Heim wollen. Das Haus und seine nächste Umgebung müssen von schweren Belastungen jeder Art verschont sein – seien es laute Verkehrswege, störende Betriebe oder hässliche Großbauten in der Nachbarschaft.

Ihre Investition in eine gute Lage dürfte sich in wachsenden Städten und Regionen ebenso auszahlen wie in weniger dynamischen Landstrichen. In den Wachstumsgegenden kann das Wohnungsangebot in den Kernstädten kaum noch vergrößert werden. Und in Abwanderungsgegenden mit schwächerem Immobilienmarkt verlieren am stärksten die unattraktiven Randgebiete und die stark belasteten Stadtquartiere, wo Häuser und Wohnungen nur noch schwer verkäuflich sind. Doch an den besseren Adressen, die es auch hier gibt, konzentrieren sich die Menschen; die Nachfrage liegt hier nie ganz am Boden. Und in den meisten Städten werden die besseren Gegenden von übermorgen die gleichen wie heute sein.

Zeitlose Eleganz zahlt sich aus

Dauerhafte Attraktivität

Wenn Sie weit voraus in die Zukunft denken, überlegen Sie auch, wie Sie jetzt beim Bau oder Umbau Ihres Hauses für ein dauerhaft attraktives Erscheinungsbild sorgen können. Viele Bauherren träumen zunächst davon, endlich einmal ihren ganz individuellen Geschmack zu verwirklichen oder sich gar ein Denkmal zu setzen. Das scheitert oft schon an örtlichen Gestaltungsvorschriften, an Baufirmen, die nur Standard beherrschen, und am eigenen Geldbeutel – oft zum Glück der verhinderten Gestalter. Denn wo sie architektonisch drauflos fantasieren konnten, sind Bauherren oft nicht lange glücklich damit. Irgendwann hat man sich am Besonderen sattgesehen und möchte vielleicht auch in der Nachbarschaft weniger auffallen. Und später kann es sehr schwer sein, einen Käufer mit ganz ähnlichem Geschmack zu finden, wie man ihn einst selbst hatte. Das gilt erst recht, wenn man damals in Architektur oder Innendesign einer gerade aktuellen Mode gefolgt ist. Dann kann das Haus nach einigen Jahrzehnten so unmodern wirken wie heute manche kantigen Bungalows der 1960er Jahre.

Natürlich kann ein guter Architekt das vermeiden, indem er ein Gesamtkunstwerk von überzeitlichem Wert schafft. Aber das ist ein Glücksfall; öfter reichen dafür die finanziellen und gestalterischen Mittel nicht. Darum ist die beste Gestaltung meist eine eher zurückhaltende und zeitlose. Also weder minimalistische Box noch überladene Burg. Sondern im besten Fall eine Gestalt, der Kenner eher dezent den Zeitraum ansehen, in dem das Haus entworfen ist. Und der man die Region ansieht, in der das Haus steht, zum Beispiel an den dort üblichen Fassaden oder Dachformen oder an Bezügen zur regionalen Baugeschichte. Dezent-gefällige Architektur wirkt auf längere Sicht meist besser als spektakuläre.

Dezent-gefällige Architektur

Jetzt schon an den Umbau denken

Zukunftsfähig ist ein Haus auch, wenn man es gewandelten, heute oft noch gar nicht absehbaren Raumbedürfnissen anpassen kann. Zum Beispiel mit Anbauten. Dafür reicht aber oft das Grundstück nicht oder die Nachbarn stimmen nicht zu; häufig kneift es dann auch im Hausinneren, das plötzlich dunkler wird oder wo eine gemütliche Nische zur Durchgangszone absteigt. Das Aufstocken ist etwas leichter, aber auch da müssen natürlich die Statik und die Bauvorschriften mitspielen – und das eigene Budget. Bleibt also oft nur, das Haus innerhalb seiner Hülle von Anfang an flexibler zu gestalten: mit Raumreserven unterm Dach und im Keller sowie mit geschickten Grundrissen. Bei Windfang und Treppe bewirken manchmal ein paar Zentimeter Verschiebung auf dem Bauplan, dass man aus einem Zwei-Etagen-Heim später ohne große Eingriffe eine untere und eine obere Wohnung machen kann. Im Souterrain kann ein etwas größeres Fenster dafür sorgen, dass statt düsterer Kellerzellen später leidlich helle Wohnräume entstehen – auch wenn man die vorerst noch gar nicht braucht. Und bei

Flexible Gestaltung

anfangs geschickt verlegten Rohren kann man künftig leichter Bad und Küche einer Einliegerwohnung installieren.

Rohre und Leitungen

Raum für Rohre und Leitungen ist ein wichtiger Punkt. Zwar verschwindet derzeit ein Teil des Kabelsalats von Computern und anderen Geräten zugunsten drahtloser Verbindungen. Aber morgen können Rohre für die Träger von Wärme nötig sein, die von der Sonne und aus der Erde gewonnen ist, vielleicht auch für Kältemedien in heißen Sommern. Oder es wächst wieder der Bedarf an Kabeln für neue elektronische Haustechnik oder den heimischen Arbeitsplatz. Für all das müssen Sie natürlich keine aufwändigen Schachtanlagen einbauen, die viel Platz fressen und auf Jahre hinaus ungenutzt sind. Aber an spätere Nachbaumöglichkeiten dort, wo bereits jetzt Stränge und Leitungen entlang führen, können Sie ruhig schon bei der Planung denken.

ÜBERSICHT

Ein zukunftsfähiges Haus verfügt über
- eine langfristig günstige Lage,
- ein zeitloses Erscheinungsbild,
- eine flexible Nutzbarkeit: eher mittelgroße Räume als sehr große und sehr kleine.
- Späterer Umbau oder Erweiterung sind möglich, besonders für Senioren-Bedürfnisse.

Energiesparen: Schutz für die Umwelt, Gewinn für Ihr Konto

Das Sparen von Energie und die Erschließung neuer Energiequellen sind eines der großen Themen unserer Zeit. Denn hier besteht gleich dreifacher Druck: durch die drohende Erderwärmung, durch die Verknappung und Verteuerung vor allem von Öl und Gas sowie durch die gefährliche Abhängigkeit von politisch heiklen Lieferanten. Das Heizen und das sommerliche Kühlen verursachen rund die Hälfte sämtlicher Energiekosten und der CO_2-Belastung. Auch wer dem Umweltschutz-Gedanken eher fern steht, sollte stärker über Energieplanung nachdenken: Das Heizen kann im Laufe eines Hauslebens mehr kosten als anfangs das Bauen. Außerdem wohnt es sich in einem energetisch gut geplanten Haus besser: Es zieht und pfeift nicht; der Baukörper speichert im Sommer Kühle und im Winter Wärme und gibt sie ab (hoffentlich nur ins Innere), und nicht zuletzt bleibt das Haus länger in gutem Zustand. Die gesetzlichen Vorschriften für Neubauten wie für grundlegende Sanierungen werden ohnehin immer strenger, vor allem die **Energieeinsparverordnung EnEV** (weitere Informationen dazu finden Sie unter www.enev-online.de).

Energieplanung

Wollen Sie sich genau über die Energiequalitäten eines fertigen oder geplanten Hauses informieren, brauchen Sie einen unabhängigen Experten, am besten einen auf Energieplanung spezialisierten Architekten oder Ingenieur (Suchtipp auf Seite 103). Angehörige dieser Berufsstände können nicht nur Einzelelemente des Hauses beurteilen, sondern sehen sie im Zusammenspiel. Sie können auch vor Fehlinvestitionen warnen – zum Beispiel davor, zu viel in Wanddämmung und zu wenig in Fenster oder besser isolierte Böden und Decken zu stecken. Qualifizierte Berater können Ihnen zudem Planungen machen und Nachweise verschaffen, mit denen Sie die Fördertöpfe der KfW-Bank und anderer Geldgeber anzapfen können, da sie über diese sich häufig ändernden Unterstützungen auf dem Laufenden sind. Für Altbauten können Experten Ihnen Maßnahmen vorschlagen, mit denen Sie bis zur Hälfte der Heizkosten sparen können.

Unabhängiger Experte

Bei Neubauten fängt Energiesparen mit der Gebäudeplanung an. Die meiste Wärme geht durch die Außenwände verloren, also sollten diese im Verhältnis zum Gebäudevolumen möglichst wenig Fläche haben. Rein physikalisch wäre ein kugelförmiges Gebäude optimal – weniger Außenfläche im Verhältnis zum Volumen hat kein anderer Körper. Aber wer will schon in einer Kugel wohnen? Ein schlichtes rechteckiges Haus (Flachdach muss nicht sein) tut es auch. Hauptsache, es hat wenige Erker, Gauben, Vorsprünge und Winkel. Ökologie geht hier einher mit Ökonomie: Je schlichter die Hausform, desto niedriger sind die Heizkosten.

Dämmung ist nicht alles

Glaubt man der Dämmstoff-Industrie, sind dicke Wärmeisolierungen das Nonplusultra des Klima-, Menschen- und Hausschutzes. Aber so wichtig es ist, dass möglichst wenig Wärme durch die Wände entweicht, so wenig sollte man allein aufs Dämmen setzen. Zudem nützt es nicht viel, nur die Wände zu dämmen, alles andere aber zu vernachlässigen: Kümmern Sie sich auch um die Güte von Dach, Keller, Fenstern, Türen nach draußen sowie nicht zuletzt die Effizienz der Heizanlage. Auch Kälte- und Wärmebrücken wollen vermieden sein. Das sind Bauteile, die von innen nach außen durchgehen und jede Menge Wärme nach draußen sowie Kälte nach drinnen leiten. Informieren Sie sich beispielsweise unter der Webadresse www.das-energieportal.de.

Effiziente Heizanlage

Energiegewinnung in Eigenregie

Im und am Haus kann man auch selbst Energie erzeugen. Die gängigsten Geräte sind Strom erzeugende Photovoltaik-Anlagen auf den Dächern. Hier können Sie Strom produzieren, den Sie für gutes Geld ins regionale Netz einspeisen. Ideal für Photovoltaik-Anlagen sind Dächer, die neu oder gerade erst renoviert sind und noch mindestens zwanzig Jahre halten, die nach Süden ausgerichtet sind, große einheitliche Flächen und einen mittleren Neigungswinkel haben. Aber auch auf Flachdächern ist ihre Anlage möglich.

Photovoltaik

Energieberater

Auch zu diesem Thema können Ihnen Energieberater Auskunft hinsichtlich Techniken, Bezugsquellen, Verfahren und Subventionen geben. Günstig für Sie als Investor ist der stark gefallene Preis von Photovoltaik-Anlagen. Weitere Beispiele für die Verwendung nachwachsender Rohstoffe oder von Naturkräften und die Minderung von Importabhängigkeit sind die Holzpelletheizung, das Anzapfen von Erdwärme und das Erwärmen von Wasser in Solarkollektoren. Wie viel ein Gebäude verheizt, geht zumindest grob aus seinem Energiepass hervor (siehe dazu auch Seite 86).

Passivhäuser: Heizung fast unnötig

Das sogenannte **Passivhaus** heizt nicht aktiv, sondern nimmt passiv Wärme von der Sonne, von Menschen im Haus und von Geräten wie Kühlschrank und Fernseher auf – und das reicht für behagliche Temperaturen drinnen. Es verfügt über Fenster mit einer Dreifachverglasung, eine hohe Wärmedämmung und einen besonderen Trick: Gelüftet wird nicht durch Fenster oder unfreiwillig durch Ritzen und Löcher, wobei zwangsläufig im Winter warme Innen- gegen kalte Außenluft getauscht wird. Im Passivhaus sind stattdessen Wärmetauscher zwischengeschaltet, die die Temperatur der verbrauchten Innenluft an die frische, von außen kommende Luft abgeben, diese also vorwärmen. Nur an sehr kalten Tagen wird zusätzlich ein wenig geheizt. Während ein normales Wohngebäude in Deutschland pro Quadratmeter und Jahr etwa 17 Liter Öl verbraucht, ist es beim Passivhaus nur der Gegenwert zu zwei Litern. Alles Wissenswerte zu diesem Thema erfahren Sie vom Passivhaus-Institut Darmstadt unter www.passiv.de.

Wärmetauscher

Nicht ganz so hohe Anforderungen erfüllt das **Niedrigenergiehaus** (NEH) – ein Begriff, mit dem leider manche Anbieter Schindluder treiben. Fragen Sie daher stets nach dem **Heizwärmebedarf**. Er muss bei einem freistehenden Haus unter 70 Kilowattstunden pro Quadratmeter beheizbarer Wohnfläche liegen. Die Kilowattstunden pro Quadratmeter sind eine wichtige Maßeinheit für die Förderung durch die KfW-Bank (mehr in Kapitel 3). Zum Beispiel verbraucht ein „KfW40-Haus“ im Jahr weniger als 40 Kilowattstunden pro Quadratmeter beheizbarer Wohnfläche.

Neuerungen

Für das Energiesparen und -erzeugen gibt es eine Unzahl von Neuerungen der letzten Jahre und Jahrzehnte, auf die hier im Einzelnen nicht eingegangen werden kann: dämmende und isolierende Stoffe, Lüftungssysteme, effiziente Geräte und neu erschlossene Energiequellen, von der Wärme in der Tiefe der Erde bis zu den im Dach eingefangenen Sonnenstrahlen. Es gibt Speichermedien für Wärme und Kälte, etwa riesige Wasserkessel und schlichte Betonplatten. Und es gibt raffinierte Kombinationen verschiedener Techniken, etwa die Kraft-Wärme-Kopplung und die Kühlung mit Brauchwasser. All das kann sich lohnen – aber unausgereift und an der falschen Stelle kann es auch ein Flop sein.

TIPP

Energiesparen: Strategie-Tipps

1. Rechnen Sie langfristig: Öl und Gas werden mit Sicherheit teurer. Faustregel: Wenn eine Investition bis zu 20mal mehr kostet, als Sie dadurch an heutigen jährlichen Energiekosten sparen, dann lohnt sie sich mit Sicherheit.
2. Wenn Sie das Geld nicht haben: Keine Angst vor einem Extrakredit. Meist sparen Sie viel mehr Energie, als Sie der Bank zurückzahlen müssen.
3. Fragen Sie im Zweifelsfall neutrale Experten, z.B. Energieberater, und verzichten Sie auf Unausgereiftes.
4. Nutzen Sie Förderungen, auch wenn der Dschungel der Subventionen anfangs nur schwer zu durchblicken ist.

Sicherheit: Einbrecher bleiben draußen

Scheinbar sind wir permanent von Verbrechern bedroht: Im Fernsehen und in Sensationsblättern werden wir täglich damit konfrontiert und die Meldung wirkt erschreckend, nach der in Deutschland alle 2,5 Minuten ein Einbruch passiert. In Wirklichkeit ist es nicht ganz so schlimm. Die ständigen Horrormeldungen täuschen darüber hinweg, dass unser Alltag keinesfalls von Kriminalität geprägt ist. „Einbrüche im 2,5-Minuten-Takt" bedeutet, dass rechnerisch in jede deutsche Wohnung nur alle 200 Jahre einmal eingebrochen wird.

Beratung durch Polizei

Aber es kann jeden treffen, und das ist dann extrem unangenehm. Nicht nur Wertgegenstände verschwinden, sondern oft auch das Sicherheits- und Geborgenheitsgefühl im eigenen Heim. Viele Einbrüche können Sie jedoch durch Vorbeugung verhindern – am besten gleich beim Bauen. Polizei und Planer beraten gern. Lassen Sie sich aber nicht von übereifrigen Verkäufern und Handwerkern Sicherheitstechnik aufschwatzen, die für Fort Knox angemessen wäre. Wenn das Heim zur Trutzburg mit Riegeln, Panzerplatten und hysterisch piependen und blinkenden Alarmgeräten und Kameras hochgerüstet ist, macht das Wohnen darin keinen Spaß mehr.

So sorgen Sie vor

Sicherheitstür

Widmen Sie sich statt dessen vorzugsweise den neuralgischen Stellen, an denen Einbrecher am liebsten ins Haus kommen: Der gängigste Weg führt durch die **Türen** – natürlich auch die von Keller oder Terrasse. Letztere sind besonders gefährdet, da sie für die Nachbarn oft nicht einsehbar und trotzdem schlechter gesichert sind als die Haustür. Wenn Sie eine Sicherheitstür anschaffen, dann sollte diese den Anforderungen der europäischen Norm DIN V ENV 1627 genügen.

Ebenfalls beliebt bei Wohnungsknackern sind **Fenster**, auch schräge Dachfenster. Oft schlagen oder schneiden Einbrecher nur ein Loch in die Scheibe, greifen hindurch und öffnen bequem das Fenster. Dagegen schützt schon ein abschließbarer Griff – natürlich dürfen Sie den Schlüssel nicht stecken lassen. Verbundsicherheitsglas bietet zusätzlichen Schutz. Aber auch der Rahmen muss gegen Aushebeln gesichert sein. Gängig sind hier Drehkippbeschläge mit mehreren Bolzen. Eine Alternative stellen Gitter vor den weniger wichtigen kleinen Fenstern dar – auch am Dach, wo Einbrecher oft unbemerkt herumschleichen können.

Sicherheitsglas

Rollläden setzen Einbrechern oft weniger Widerstand entgegen, als der Hausbesitzer glaubt. Sollen sie halten, müssen sie durch Innenriegel, die am besten oben montiert sind, gegen das Hochdrücken gesichert sein. Automatische Verriegelungen sind schwerer zu knacken als mechanische. Aber Vorsicht im Urlaub: Wo wochenlang alle Jalousien heruntergelassen sind, fühlen sich Einbrecher eingeladen. Es gibt jedoch Metall-Rollläden mit Elektroantrieb, die man mit Zeitschaltern kombinieren kann. Dann fährt der Rollladen ab und zu hoch und hinunter, als wären Sie daheim.

Sinnvoll nicht nur zur Abschreckung, sondern auch für den eigenen Alltag sind Außenleuchten mit Bewegungsmeldern. Alarmanlagen sind dagegen eher etwas für Technik-Freaks. Es gibt sie für die Montage im Inneren des Hauses oder für außen, mit aufheulenden Sirenen oder mit stillem Alarm, der den Wachschutz in der Zentrale aufweckt. Gern gehen Alarmanlagen aus Versehen los; nach dem dritten Mal guckt kein Nachbar mehr hin. Aber Sie können sich auch für wenig Geld eine Attrappe aufs Dach oder die Hausfront setzen, die ab und zu aufgeregt blinkt. Hauptsache, der Einbrecher zieht weiter, wenn er sie sieht. Für die zum Glück sehr kleine Minderheit professionell-hartgesottener Täter gilt jedoch: Wer gut gesicherte Türen und Fenster überwindet, der lässt sich auch von einer Alarmanlage nicht abschrecken.

Alarmanlagen

Fürs Alter planen

Traditionell gilt das eigene Haus als Wohnform für Familien. Aber immer mehr Einfamilienhäuser werden von älteren Paaren oder Alleinstehenden bewohnt. Sie bleiben zurück, wenn die Kinder flügge werden – und manche kommen auch erst im reifen Alter oder mit gereiftem Vermögen auf den Geschmack. Vor allem in Ostdeutschland gab es in der Zeit nach dem Mauerfall viele ältere Käufer, die sich den vorher nicht realisierbaren Traum vom eigenen Haus erfüllten.

Finanzieller Wert

Das Haus im eigenen Besitz hat für Ältere auch wirtschaftlich hohe Qualitäten. Es ist meist abbezahlt und die Mietfreiheit bedeutet eine gewichtige Entlastung der oft knappen Rentnerkasse. Der tatsächliche finanzielle Wert geht sogar über die gesparten Kosten für ein gleichwertiges Mietobjekt hinaus. Denn diese müssen aus immer stärker versteuertem und mit Sozialabgaben belastetem Renteneinkommen getragen werden. Um sich 700 Euro Miete leisten zu können, brauchen Senioren zum Beispiel 1.000 Euro zusätzliche Brutto-Rente. Auf die sind sie als Hauseigentümer nicht angewiesen. Allerdings fallen immer einmal Reparaturen an und bei nachlassender Körperkraft Kosten für die Pflege des Gartens.

Wohngemeinschaft

Einfamilienhäuser ermöglichen auch manche altengerechte Wohnformen. Zum Beispiel die Wohngemeinschaft: Drei oder vier Rentner (oder einer weniger und eine Haus- oder Pflegekraft) teilen sich ein Haus mit fünf Zimmern. Größere Häuser eignen sich für ein Mehrgenerationenwohnen: Im einen Teil leben die Großeltern, im anderen die jungen Eltern und die Enkel. Auch für raumgreifende Vergnügungen, von der Modellbahn bis zur Kellerbar, die aktive Jungrentner gern pflegen, bieten Haus und Garten Platz. All dies lässt sich einfacher verwirklichen, wenn das Haus Jahrzehnte eher flexibel für unterschiedliche, noch gar nicht absehbare Wohnbedürfnisse geplant und gebaut ist und wenn es mit vertretbarem Aufwand umgestaltet werden kann.

In aller Munde ist das Thema **Barrierefreiheit**. Natürlich muss nicht jedes Reihenhaus für die junge Familie gleich rollstuhlgerecht gebaut werden – kinderwagen- und kleinkindgerecht dagegen schon. Auch braucht nicht jeder eine Dusche ohne Schwelle oder ein Haus ganz ohne Stufen. An ein paar Dinge können Sie aber schon beim Bau oder bei der umfassenden Modernisierung denken. Zumal auch jüngere, sonst gesunde Menschen zum Beispiel nach einem Sportunfall auf uneingeschränkte Begeh- und Bewohnbarkeit angewiesen sind.

TIPP

Barrierefreiheit: Woran Sie bei Planung und Kauf denken sollten

- nicht zu viele Außen-Treppenstufen
- breite Türen und Flure
- ein nicht zu verwinkelter Grundriss
- ein geräumiges Bad, das sich wenn nötig behindertengerecht gestalten lässt
- eine ausreichend große Küche, in der gegebenenfalls ein Rollstuhlfahrer rangieren und in der er zudem mit den Beinen unter den Esstisch und unter das Spülbecken fahren kann
- das Potenzial für eine technische Aufstiegshilfe (außen eine Rampe, innen Treppenlift oder gar Fahrstuhl)

Weitere Informationen

- **Allgemeines zu Energiesparhäusern**

www.das-energieportal.de → Wohneigentümer → Energie optimal bauen oder Energieoptimal sanieren

- **Wichtige Energiegesetze**

www.enev-online.de

- **So finden Sie Energieberater**

Garantiert qualifiziert sind die bei der BAFA (Regierungsbehörde für Energie) zugelassenen Energieberater. Nur sie dürfen auch bestimmte Fördermittel beantragen. Man findet sie unter www.bafa.de → Energie → Beratersuche (Suchformular oder vollständige Liste).

- **Passivhaus-Institut Darmstadt**

Rheinstraße 44/46
64283 Darmstadt
Tel. 06151/82699-0
Fax 06151/82699-11
E-Mail: mail@passiv.de
www.passiv.de

- **Einbruchschutz**

www.einbruchschutz.polizei-beratung.de

www.nicht-bei-mir.de

- **Barrierefreies Bauen**

www.nullbarriere.de

www.behindertenbeauftragter.de → Barrierefreiheit → Barrierefreies Bauen (Grundlagen, Fördermittel, weitere Links)

KfW-Förderprogramme siehe S. 44

KAPITEL 7

Sicher kaufen

Sie haben schon cinc ganze Menge geschafft: Ein Haus oder Grundstück ist gefunden und auf Herz und Nieren geprüft, die Kosten für Kauf und Bau sind ermittelt und Ihre Finanzierung ist gesichert. Nun kommt der wichtigste formale Akt: der **Kaufvertrag** wird erstellt und unterzeichnet. Meist ist der Hauserwerb die mit Abstand größte Anschaffung, die Sie in Ihrem Leben tätigen. Weil hier schwere Fehler die materielle Existenz kosten können, müssen Immobilien-Kaufverträge in Deutschland stets beim Notar geschlossen werden. Dieser ist zur Neutralität, Sorgfalt und zum korrekten Umgang mit Geldern verpflichtet, die ihm beim Erwerb zeitweise anvertraut werden.

Vertrag

Der Notar: Was er für Sie tun sollte

Wie findet man den richtigen Notar? Das ist keine Frage des Preises – die Gebühren sind bei allen gleich. Es ist auch keine Frage der Qualifikation: Alle sind erfahrene Juristen mit einer einschlägigen Zusatzausbildung. Doch gibt es bei Immobilien-Kaufverträgen Gestaltungsspielräume und Details, die Laien nicht unbedingt auffallen. Ohne die Verletzung seiner Neutralitätspflicht kann ein Notar doch die Gewichte ein wenig zugunsten der einen oder anderen Seite verschieben. Deshalb ist Vorsicht geboten, wenn ein Notar zu oft Verträge Ihres Verkäufers beurkundet. In diesen Fällen können Sie als Erwerber einen anderen Notar vorschlagen. Der Verkäufer zieht vielleicht ein beleidigtes Gesicht. Aber wenn Sie standhaft bleiben, wird er sich nicht verweigern – denn meist stehen hinter Ihnen keine zehn weiteren Kaufinteressenten Schlange.

Gestaltungsspielräume

Zur nötigen Neutralität des Notars sollte ein gewisses Engagement kommen. Der Notar sollte bereit sein, Ihnen den Kaufvertragsentwurf nicht nur frühzeitig zur Prüfung zuzuschicken, sondern auch wenn nötig Ihre Fragen in einem eigenen Gespräch zu beantworten. Manche Notare vertrösten Sie auf die mündliche Verhandlung, an deren Ende der Kaufvertrag geschlossen wird. Aber dann ist die Zeit für Sie oft zu knapp und der Stress zu groß, um eine schwierige, aber womöglich wichtige Formulierung zu verstehen und daraus die richtigen Konsequenzen zu ziehen.

Fragen beantworten

Der Notar sollte Sie auch über Besonderheiten im **Grundbuch** Ihrer künftigen Immobilie aufklären. Dieses können Sie zwar auch selbst einsehen, jedoch als Privatperson nur mit schriftlicher Erlaubnis des jetzigen Eigentümers und nur im zuständigen Gericht. Auch zum elektronischen Grundbuch gibt es keinen bequemen Zugang über das Internet.

Der Notar sollte Ihnen nachvollziehbar erklären, wie er Sie während des Kaufprozesses absichert – schließlich geht es um eine fünf- bis sechsstellige Summe. In Einzelfällen kann es vorkommen, dass ein betrügerischer Eigentümer versucht, dieselbe Immobilie mehrfach für viel Geld loszuschlagen. Eine andere Gefahr besteht in der Insolvenz eines Verkäufers, der schon Ihr Geld hat, aber formell noch Eigentümer der Immobilie ist – dieser Fall kann vor allem bei Bauträgern vorkommen. Ohne Absicherung hätten dann die Gläubiger Ihr Geld, Sie jedoch keine Immobilie.

Absicherung

Also bedarf es eines Sicherungsverfahrens – der **Auflassungsvormerkung**. Diese beantragt der Notar beim Grundbuchamt. Sobald diese Vormerkung für Sie eingetragen ist, kommt kein Gläubiger oder anderer Kaufinteressent mehr an die Immobilie heran, außer dem Inhaber eines Vorkaufsrechts. Und sollte der Notar feststellen, dass bereits eine Vormerkung zugunsten eines Dritten im Grundbuch eingetragen ist, ist zwar Ihr Kauf geplatzt, aber Ihr Geld ist noch da.

GUT ZU WISSEN

Das Grundbuch: Ein Register – drei Abteilungen
Abteilung 1:
Eigentumsverhältnisse und Auflassungsvormerkungen.

Abteilung 2:
„Beschränkungen und Lasten“: Hier können Vorkaufsrechte Dritter eingetragen sein. Das heißt, dass auch nach Abschluss Ihres Kaufvertrags jemand anderer (zum Beispiel die Gemeinde oder ein Verwandter des Eigentümers) sich die Immobilie zum gleichen Preis sichern darf, den Sie zahlen wollten. Wenn Sie Schätzkosten bei der Bank oder andere Aufwendungen hatten, verlieren Sie diese. Maklerprovision müssen Sie in einem solchen Fall aber nicht zahlen bzw. können diese zurückfordern. In Abteilung 2 können auch „Grunddienstbarkeiten“ eingetragen sein – zum Beispiel das Recht Dritter, einen Weg über Ihr Grundstück zu nutzen oder das Recht von Versorgungsunternehmen, unter oder über Ihrer Parzelle Leitungen zu führen. Wichtig sind auch Informationen über eventuelle Baulasten: die Pflicht, bestimmte Baumaßnahmen zu realisieren, zu dulden oder zu unterlassen.

Abteilung 3:
Rechte von Banken und anderen Gläubigern. Diese werden in der Regel gelöscht, wenn Sie nicht denselben Kreditgeber haben wie der Verkäufer.

Die Kaufabwicklung: in der Regel direkt überweisen

Hinsichtlich des Zahlungsflusses gibt es zwei Möglichkeiten: Entweder Sie und Ihre Bank zahlen direkt an den Verkäufer, sobald die Vormerkung für Sie im Grundbuch eingetragen ist und alle anderen Vertragsbedingungen für die Zahlung erfüllt sind. Oder Sie und die Bank überweisen das Geld zunächst auf ein **Notar-Anderkonto**. Wenn der Notar Ihnen dies empfiehlt, lassen Sie sich genau erklären, warum das nach seiner Ansicht sein muss. Denn der Weg über ein Anderkonto ist nach § 54a

Abs. 2 des Beurkundungs-Gesetzes (BeurkG) nicht die Regel, sondern nur bei „berechtigtem Sicherungsinteresse“ zulässig. Besteht dieses Interesse nicht, sollte man dessen Nachteile vermeiden: Es kostet Gebühren und Sie müssen den Kaufpreis früher einzahlen, als wenn Sie das Geld direkt an den Verkäufer überweisen. Sobald aber Ihr Erspartes beim Notar liegt, bekommen Sie dafür keine Zinsen mehr. Noch gravierender sind die Bankzinsen: Die Kreditsumme ist ebenfalls eher fällig als bei einer Direktüberweisung an den Verkäufer. Also verlangt Ihre Bank schon eher Zinsen von Ihnen. Dauert es länger, bis alle Formalitäten abgewickelt sind und die Immobilie übergeben wird, dann haben Sie über mehrere Monate Zinskosten, aber noch kein Haus oder Grundstück.

Notar-Anderkonto

Der Kaufvertrag: Klauseln für Ihre Sicherheit

- In den Kaufvertrag gehört eine Gewährleistung des Verkäufers für „Mängel irgendwelcher Art“. Der Verkäufer sollte versichern, dass die Immobilie nach seiner Kenntnis frei von Mängeln und Altlasten ist.
- Bei einem Eigenheim, in das Sie selbst ziehen wollen, sollte im Vertrag stehen, dass der Käufer es räumt oder unvermietet an Sie übergibt.
- Zu Ihrer Sicherheit sollte der Verkäufer im Vertrag auch bestätigen, dass er für die Immobilie keinem Dritten etwas schuldet – zum Beispiel einer Eigentümergemeinschaft oder dem Stromlieferanten.
- Handelt es sich um ein Baugrundstück in einem Gelände, das nicht in einem ansonsten bebauten Ortsteil liegt und für das es noch keinen vom Gemeindeparlament verabschiedeten Bebauungsplan gibt, dann lassen Sie sich ein Rücktrittsrecht

Rücktrittsrecht

für den Fall einräumen, dass sich Ihr Projekt nicht verwirklichen lässt. Natürlich muss dieses Projekt hinreichend dokumentiert sein – zum Beispiel als Haus mit einer bestimmten Quadratmeterzahl. Anstelle des Rücktrittsrechts können Sie sich auch ein Minderungsrecht einräumen lassen, falls Sie weniger bauen dürfen als die zunächst möglich erscheinende Größe und Höhe. In diesem Fall muss Ihnen der Verkäufer dann einen Teil des Grundstückspreises zurückerstatten. Schließlich müssen noch die Kosten des Erwerbs fair verteilt sein. Üblich ist, dass Sie als Käufer die Notarkosten und die Gebühren für die Eintragung ins Grundbuch übernehmen, dagegen der Verkäufer die Gebühr für die Löschung alter Grundschulden zahlt – den Rechten von Banken, die früher einmal Kredit auf das Haus gegeben haben.

Minderungsrecht

Eine ausführliche Checkliste mit Tipps zum Kaufvertrag finden Sie beispielsweise unter www.haus-blick.de.

Vertragsabschluss beim Notartermin

Sind die Kaufbedingungen im Vertrag geklärt, findet der eigentliche Notartermin statt. Hier liest der Notar den gesamten Vertrag nebst Anlagen vor. Meist macht er das sehr schnell, aber Sie dürfen ihn unterbrechen, dürfen fragen und einwenden. Auch jetzt können Sie den Vertragsentwurf noch einvernehmlich ändern und wenn nötig die Verhandlung sogar unterbrechen oder gar abbrechen. Erst wenn Sie und der Verkäufer den Vertrag unterschrieben haben, ist alles besiegelt und nicht mehr rückgängig zu machen – es sei denn, einer der Beteiligten kann später Vertragsbedingungen nicht erfüllen, so dass der ganze Vertrag „rückabgewickelt" wird. Wichtig ist im übrigen, dass sämtliche Kaufbedingungen im Vertrag stehen. Was außerhalb geregelt wird, gilt nicht. Lehnen Sie Verkäufer-Vorschläge rundweg ab, nach denen Sie zum Beispiel einen Teil des Geldes schwarz unter dem Tisch zahlen und dabei Steuern und Gebühren sparen! Das ist illegal; das Risiko für Sie und Ihr Geld ist immens.

Kaufbedingungen

GUT ZU WISSEN

Lästige Nebenkosten – Was nach dem Kauf zu zahlen ist

- beim **Notar** die Gebühren für Kaufvertrag, Grundschuldbestellung, Abwicklungstätigkeiten, Vertragsvollzug, Notar-Anderkonto und oft für den Treuhandauftrag
- beim **Grundbuchamt** (Amtsgericht) die Eintragungsgebühr für die Auflassungsvormerkung und nach vollendetem Kauf die Löschungsgebühr sowie die Gebühren für die Eintragung der Grundschuld und des Eigentümers. Notar-und Gerichtsgebühren machen ca. 1,5 Prozent des Kaufpreises aus.
- **Grunderwerbsteuer**. Sie beträgt 3,5 Prozent des Kaufpreises, in Berlin sogar 4,5 Prozent. Kaufen Sie ein Grundstück und lassen vom Verkäufer oder einem mit ihm Verbundenen (etwa einem Bauträger) dort ein Haus bauen, dann zahlen Sie auch auf die Baukosten Grunderwerbsteuer. Bei einem 20.000-Euro-Grundstück macht das 700 Euro für den Erwerb der Parzelle und bei Baukosten von 150.000 Euro weitere 5.250 Euro.
- **Makler** – siehe Kapitel 5

Ein wenig niedriger werden die Nebenkosten, wenn in Abteilung 3 des Grundbuchs noch Grundpfandrechte, also Kreditsicherungen einer Bank eingetragen sind und Sie diese übernehmen können, weil Sie ihr Geld bei derselben Bank wie bisher der Verkäufer leihen.

Papierkrieg

Generell gilt: Der Papierkrieg rund um den Immobilienkauf ist immens. Wenn Sie etwas nicht verstehen: Rufen Sie den Absender an und fragen Sie! Der Notar kann Ihnen teils auch zu Schreiben des Gerichts oder der Bank Auskunft geben. Irgendwann aber ist alles geschafft: Das Geld ist überwiesen und ein Grundbuchauszug ist da, an dem Sie in Abteilung 1 als Eigentümer eingetragen sind. Und der im Vertrag fixierte Tag der „Übergabe von Nutzen und Lasten“ ist gekommen. Ab diesem Tag muss zum Beispiel das Haus vom Verkäufer geräumt sein. Ist es noch vermietet, fließt das Geld jetzt an Sie. Aber Sie haben von diesem Tag an auch Verpflichtungen, zum Beispiel die

Grundsteuer und Abgaben an Versorgungsunternehmen. Und wenn ein Mieter im Haus lebt, müssen Sie sich an die Eigentümerpflichten aus dem Mietvertrag halten – der Rechtsgrundsatz lautet „Kauf bricht Miete nicht". Vor allem können Sie dem Mieter nicht einfach kündigen.

Die Zwangsversteigerung: Chance für Nervenstarke

Ganz andere und eigene Regeln gelten bei einer Zwangsversteigerung. Auf diesem Weg können Sie besonders günstig an eine Immobilie kommen. Sie sollten ihn aber nur gehen, wenn Sie drei Voraussetzungen erfüllen:

Voraussetzungen

- Sie besitzen eine gewisse Sachkunde in Immobiliendingen.
- Sie verfügen über gute Nerven und eine gewisse Risikofreude.
- Es geht Ihnen nicht um ein Traumhaus, das Ihren Idealvorstellungen genau entspricht, sondern um ein preisgünstiges Haus- oder Grundstücks-Schnäppchen.

Ursachen

Die Ursachen von Zwangsversteigerungen sind meist unbezahlte Bankraten, Insolvenzen oder Scheidungen, nach denen ein Ex-Partner sein Geld will („Teilungsversteigerungen"). Links zu Informationen über anstehende Versteigerungen finden Sie am Ende dieses Kapitels. In Immobilienteilen der Zeitungen finden Sie ebenfalls Hinweise auf geplante Versteigerungen und auch Makler weisen auf Zwangsversteigerungen hin. Wer in einer bestimmten Gegend sucht, sollte aber wegen eines möglichen Provisionsverlangens nicht über Makler gehen, sondern über das Internet oder über die Aushänge im jeweiligen Amtsgericht. Der in Versteigerungs-Informationen genannte Betrag ist der von einem Gutachter geschätzte Verkehrswert der Immobilie. Der bei der Versteigerung erzielte Preis kann stark davon abweichen – nach unten wie nach oben.

Haben Sie ein interessantes Objekt entdeckt, beginnt die eigentliche Arbeit. Besichtigen Sie die Immobilie zunächst von außen. Gefällt sie Ihnen weiterhin, versuchen Sie einen Besichtigungstermin mit den Bewohnern zu vereinbaren. Nicht per Klingel-Überfall, sondern besser mit einem vorbereitenden Brief oder Anruf. Denn oft hadern natürlich bisherige Eigentümer mit ihrem Schicksal. Versuchen Sie dann freundlich zu erklären, dass es in ihrem Interesse ist, möglichst viele Bieter zu haben – das erhöht voraussichtlich den Preis und mindert so ihre Schuldenlast. Mieter, die in der Immobilie leben, haben keine Verpflichtung, Sie hineinzulassen. Und oft haben sie dazu auch wenig Lust, wenn sie befürchten, dass der Erwerber selbst einziehen und ihnen kündigen will. Aber auch hier können Höflichkeit und die Botschaft helfen, dass Sie sich als Eigentümer rücksichtsvoller verhalten werden als andere mögliche Käufer. Besichtigung

Insbesondere ältere Häuser sollten Sie nur nach einer gründlichen Innenbesichtigung kaufen, denn für alle Schäden müssen später Sie aufkommen. Es gibt keine Gewährleistung und Sie haben keine Ansprüche gegen Baufirmen, die hier gepfuscht haben, oder wegen Altlasten im Boden. Erwerben Sie ein freies Grundstück oder wollen Sie ein Haus aufwändig umbauen, sind die gleichen Recherchen wie bei einem normalen Kauf nötig: Gibt es Bebauungspläne und sonstige Vorschriften, die Ihr Projekt beeinflussen, etwa Denkmal- oder Naturschutz? Keine Gewährleistung

Oft haben Zwangsversteigerungen turbulente Vorgeschichten, die auch den Erwerber noch belasten können. Versuchen Sie hierüber nicht nur bei bisherigen Bewohnern etwas herauszubekommen, sondern auch bei Nachbarn, vielleicht ganz locker per Schwatz am Gartenzaun. Auf jeden Fall muss Ihr Weg zum **Amtsgericht** führen, das die Versteigerung betreibt. Hier nämlich liegt das **Sachverständigen-Gutachten**, das jeder Interessent einsehen darf. Darin hat ein Experte seinen Eindruck vom Haus niedergelegt und einen Verkehrswert (Marktwert) geschätzt. Wurde auch dieser Gutachter nicht ins Haus gelassen, Verkehrswert

Grundbuch-Auszüge

ist sein Papier nur bedingt aussagekräftig. Teil des Gutachtens sind meist die Grundbuch-Auszüge. Auch diese müssen Sie studieren oder direkt um Einsicht ins Grundbuch bitten. Die in Abteilung 3 genanten Belastungen müssen Sie zwar meist nicht tragen, da sie mit der Versteigerung erlöschen. Aber vergewissern Sie sich, ob Sie die Immobilie „lastenfrei" erwerben. Und wenn Sie mit Ihrer eigenen Kenntnis keine Sicherheit gewinnen, dann fragen Sie den zuständigen Rechtspfleger, der später die Versteigerung leitet, oder einen spezialisierten Anwalt.

Eine weitere Informationsquelle kann die **Bank** sein, die als Gläubiger die Versteigerung betreibt. Sie will natürlich viele zahlungskräftige Bieter haben, denn das erhöht ihre Chance, einen größeren Teil des beim bisherigen Eigentümer geplatzten Kredits doch noch zu bekommen. Manchmal können Sie sich auch mit der Bank schon jetzt einigen, dass Sie die Immobilie zu einem bestimmten Preis erwerben. Dann wird die Versteigerung abgesagt.

Sicherungsleistung

Wenn der Versteigerungstermin naht, müssen Sie sich um die Sicherungsleistung kümmern: Zehn Prozent des vom Gutachter festgesetzten Verkehrswerts müssen Sie sofort auf den Gerichtstisch legen, wenn Sie mitbieten – siehe Kasten „Sicherungsleistung".

Höchstpreis festlegen

Vor einer Versteigerung müssen Sie sicher sein, dass Sie das Geld auch zusammenbekommen. Sie sollten also zumindest ein Vorgespräch mit Ihrer Bank geführt haben. Nun aber das Wichtigste vor Beginn der Versteigerung: Legen Sie den Höchstpreis fest, den Sie für die Immobilie zu zahlen bereit sind. Und überschreiten Sie diesen Preis beim Gerichtstermin auf keinen Fall! Mit dem Gedanken „Nur noch wenige Hunderter mehr, und dann hab ich's" haben sich schon viele Bieter ruiniert. Halten Sie sich also eisern an Ihr Limit. Und wenn ein anderer mehr bietet, werden Sie nicht weich, sondern sagen Sie sich, dass da wahrscheinlich jemand einen zu hohen Preis zahlt. Wenn Sie im Gerichtssaal sitzen, sollten Sie noch etwas bedenken: Verraten Sie keinem Mitbieter Ihr Limit – und auch

GUT ZU WISSEN

Die Sicherungsleistung – Scheck, Überweisung oder Bürgschaft
Bargeld wird nicht mehr angenommen. Sicherheitsleistungen sind in folgenden Formen möglich:

1. Sie bringen einen Verrechnungsscheck einer in Deutschland zugelassenen Bank oder der Bundesbank mit zum Termin. Er muss auf die Bank bezogen sein, nicht auf Ihr Konto. Solche Schecks dürfen frühestens am dritten Werktag vor dem Versteigerungstermin ausgestellt sein; ihre „Vorlegungsfrist" darf frühestens am vierten Tag nach dem Versteigerungstermin auslaufen.
2. Sie überweisen die zehn Prozent vor der Versteigerung auf ein Konto der Gerichtskasse. Dort muss es spätestens vier Werktage vor dem Termin angekommen sein. Ersteigern Sie das Objekt nicht, bekommen Sie das Geld natürlich zurück.
3. Sie besorgen eine Bankbürgschaft, die unbefristet, unbedingt und selbstschuldnerisch sein muss. Dafür verlangt die Bank natürlich Gebühren.

nicht dem Vertreter der Bank. Dieser darf nämlich auch mitbieten. Wenn er Ihr Limit kennt, dann wird er Sie mit seinen Geboten dazu bringen wollen, Ihren Höchstbetrag voll auszureizen.

So läuft die Versteigerung

Der Rechtspfleger, der die Versteigerung leitet, liest zu Beginn die Versteigerungsbedingungen vor. Sie werden nicht alles verstehen. Ist Ihnen hier etwas, vielleicht Wichtiges, unklar, zum Beispiel der Übergang von Verpflichtungen auf den Ersteigerer, fragen Sie den Rechtspfleger, bevor Sie bieten. Wenn Sie Verpflichtungen erkennen, von denen Sie bisher nichts ahnten, dann bieten Sie besser nicht.

Verpflichtungen

Nun eröffnet der Rechtspfleger die „Bietstunde", die mindestens 30 Minuten dauert. Achten Sie auf das „geringste Gebot":

Höchstgebot

Beim ersten Termin haben Sie nur Anspruch auf den Zuschlag, wenn Ihr Höchstgebot mindestens 70 Prozent des Verkehrswerts der Immobilie beträgt. Beträgt das Höchstgebot zwischen 50 und 70 Prozent des Verkehrswerts, entscheidet der Gläubigervertreter, ob es einen Zuschlag oder einen neuen Termin gibt. Bei diesem zweiten Termin existiert dann meist keine Mindestgrenze für die Gebote mehr.

Grunderwerbsteuer

Nach Ablauf der 30 Minuten fragt der Rechtspfleger, ob jemand mehr bietet. Jetzt beginnt meist erst die eigentliche Bietschlacht. Je nach Taktik und Zeitbudget werden jedes Mal ein Euro oder auch über 1.000 Euro mehr geboten. Denken Sie an Ihr Limit und halten Sie es auf jeden Fall ein. Gelingt Ihnen die Ersteigerung, dann können Sie zunächst feiern: Sie sind wahrscheinlich günstig an eine Immobilie gekommen, haben zudem die Maklerprovision und den Notar gespart (außer für Ihre Bank-Grundschuld). Grunderwerbsteuer zahlen Sie aber auch jetzt. In der Folgezeit brauchen Sie erneut Glück – dass bisherige Eigentümer das Haus räumen (möglichst unbeschädigt), dass es technisch in Ordnung ist und dass auch bei einem freien Grundstück alles rechtlich und technisch tatsächlich so ist, wie Sie es zuvor ermittelt haben.

ACHTUNG

Vereinbaren Sie mit dem bisherigen Eigentümer keine Zahlung gegen vorläufiges Wohnrecht. Das kann im Zweifel von einem Gericht als unbefristeter Mietvertrag verstanden werden.

Nicht mit der Zwangsversteigerung zu verwechseln ist die **Versteigerung durch einen privaten Auktionator**. Hierbei wird sofort nach dem Zuschlag der Kauf notariell vereinbart. Zu solchen Terminen ist die Chance auf ein Wohnhaus-Schnäppchen allerdings geringer.

Weitere Informationen

- **Checkliste zum Kaufvertrag**

www.haus-blick.de → Service → Kaufvertrag der Immobilie

- **Details zum Grundbuch**

www.grundbuch.de → Grundbuch-Lexikon

- **Mehr zu Kaufnebenkosten**

www.grundbuch.de → Kosten à Grundbuchkosten

www.grundbuch.de → Kosten → Gebührenordnung à Grundbuchkostenrechner

- **Informationen über Zwangsversteigerungen**

www.argetra.de

www.zvg.com

www.zvg-portal.de

www.zwangsversteigerung.de

KAPITEL 8

Den richtigen Baupartner finden

Wer ist der optimale Baupartner, mit dem Sie Ihren Haustraum realisieren? Eine allgemeine Antwort darauf gibt es nicht – oft nicht einmal dann, wenn Sie schon präzise Wünsche bezüglich Aussehen und Ausstattung, Materialien und Grundriss Ihres künftigen Hauses haben. Im Prinzip kann fast jeder fast alles – ein Architekt Ihnen bei der Planung eines Fertighauses helfen, ein Bauträger statt des Heims von der Stange ein individuelles Wohnmodell liefern. Manchmal haben Sie jedoch wenig Entscheidungsfreiheit – vor allem, wenn Sie in einem ganz bestimmten Gebiet oder auf einem bestimmten Grundstück bauen wollen, wo Sie das Bauland nur zusammen mit einem vom Grundstücksanbieter erstellten Neubau bekommen. Eine solche Bindung an den Bauträger oder Fertighausmakler ist zunächst oft ärgerlich. Häufig können Sie aber auch hier noch gewissen Einfluss auf die Planung nehmen – zumindest, was das Innere des Hauses betrifft.

Architekten: Individuelle Partner

Große Spielräume

Aber zunächst zum individuellsten Typ: dem Architektenhaus. Hier haben Sie die größten Spielräume und die geringsten Vorgaben. Im günstigsten Fall erhält Ihr Haus ein Erscheinungsbild, das Ihre Vorstellungen trifft und sich zugleich harmonisch in Stadtbild oder Landschaft einfügt. Es ist präzise auf Ihre persönlichen Wünsche und Bedürfnisse zugeschnitten, vom Weinkeller bis zum Dachstübchen. Begrenzt sind Sie meist nur durch Ihr Budget und durch die Bauvorschriften, die für das Grundstück gelten. Architektenhaus – das klingt ähnlich wie Maßanzug: schick und persönlich, aber teuer. Letzteres aber muss nicht sein. Der freie Architekt ist Ihr Treuhänder im Bauprozess. Sein Job ist es, für Sie optimal zu planen und den Bau zu organisieren. Er ist rechtlich verpflichtet – und jeder engagierte Architekt fühlt sich auch moralisch verpflichtet – Ihr Wohl als Bauherr im Auge zu haben und es gegenüber anderen Beteiligten wie Baufirmen, Handwerkern und Lieferanten durchzusetzen.

Architektenkammer

Architekten sind Profis, die Sie als Amateur durch den Dschungel des Bauprozesses begleiten. Die Architektenkammern wachen darüber, dass nur studierte und praxiserfahrene Bauleute die Tätigkeit ausüben dürfen und dass sie sich entsprechend ihren Berufsgrundsätzen korrekt verhalten. Wie gut Architekten meist arbeiten, zeigt eine Umfrage des Berliner Instituts „Spreefeld Studiendesign“ unter Bauherren: 78,2 Prozent derer, die mit Architekten gearbeitet hatten, antworteten „Ich würde meinen Planungspartner nochmals wählen“. Von denen, die einen Bauträger genommen hatten, bekundeten das nur 56,2 Prozent, von den Bauherren mit Fertighausherstellern 52 Prozent.

Gewerbliche Architekten

Eine etwas andere Rolle haben gewerbliche Architekten, die nicht nur entwerfen und bauleiten, sondern zum Beispiel als Bauträger Häuser errichten. Sie sind nicht Ihr Treuhänder, sondern Ihr geschäftliches Gegenüber. Aber Sie bekommen hier ein individuelles Paket aus einer Hand und mit hoher Professionalität. Sie können vom Architekten im Rahmen der äußeren Möglichkeiten ein Haus erhalten, das genau auf Ihre Bedürfnisse zugeschnitten ist. Was Sie nicht brauchen, entfällt – anders als bei einem Anbieter von Standardmodellen, bei dem Sie manchmal Räume und Ausstattungen nehmen müssen, die Sie freiwillig so nicht wählen würden.

Mit Architekten Baukosten sparen

Beim Entwurf des Hauses kann ein Architekt mit Ihnen zusammen Ideen entwickeln, auf die Sie allein kaum kommen würden. Oft entdeckt er auch frühzeitig Schwächen in Technik und Planung, die ein Laie erst hinterher bemerkt, wenn sie buchstäblich zementiert sind. Dass das Haus individuell geplant ist, heißt nicht, dass alle Einzelteile aufwändig per Hand hergestellt werden müssen. Auch Architekten nutzen vorfabrizierte und standardisierte Elemente. Schließlich haben Architekten oft Anreize, für Sie zu sparen. Wenn das Haus am Ende weniger kostet als ursprünglich geplant, kann ihr Honorar steigen – und es kann umgekehrt sinken, wenn sie die Kosten überschreiten. Haben Sie dagegen mit einer Baufirma einen Festpreis vereinbart, dann profitiert nur diese von rationellerem Bauen. An Sie werden keine Kostenvorteile weitergegeben.

Anreiz, zu sparen

Den Spar-Anreiz ermöglicht die 2009 neu gefasste **Honorarordnung für Architekten und Ingenieure**, die HOAI, die eine so genannte Bonus-Malus-Regelung enthält. Die HOAI bildet den Rahmen für das Architektenhonorar und erspart Ihnen aufwändige Verhandlungen darüber. In ihr ist die Arbeit in neun „Leistungsphasen" unterteilt, von der „Grundlagenermittlung" bis zur „Objektbetreuung" des fertigen Hauses. Sie können Architekten auch mit einzelnen Leistungsphasen beauftragen, beispielsweise nur mit Entwurf und Planung oder nur mit der Realisierung, wenn Sie schon einen Hausentwurf haben. Aber gerade für anspruchsvolle Bauherren hat sich das Alles-aus-einer-Hand-Modell bewährt, denn so entsteht am ehesten ein Haus aus einem Guss – technisch und funktionell ebenso wie gestalterisch.

HOAI

Sie sollten wissen, dass zwar viele Bauherren vom Architektenhaus träumen, die Realisierung eines privaten Eigenheims für manche Architekten aber eher ein Albtraum ist. Denn Privathäuser sind sehr arbeitsintensiv und bringen dem Architekten im Verhältnis zu großen Bauprojekten wenig ein. Viele andere sind aber leidenschaftliche Eigenheimplaner. Sie finden sie über persönliche Empfehlungen oder über besonders ansehnliche Häuser, die Sie irgendwo entdecken. Achten Sie auch auf den bundesweit durchgeführten „Tag der Architektur", ein

Persönliche Empfehlung

Wochenende meist Ende Juni. Bei dieser Gelegenheit können Sie fertige Häuser besichtigen, den meist stolzen Besitzern Ihre Fragen stellen und unverbindlich mit ihren Architekten ins Gespräch kommen (www.tag-der-architektur.de).

So finden Sie den richtigen Architekten

Bei der Auswahl des Architekten sollten Sie auf die Entfernung seines Büros zum Bauplatz achten. Denn dort muss er vor allem während der heißen Phase immer wieder hin, um den Bau zu überwachen. Ein ortsansässiger Architekt hat zudem besonderen Anreiz, mit Referenzobjekten seinen Ruf zu pflegen. Fragen Sie ihn nach solchen Referenzen; reden Sie mit den Bauherren über deren Erfahrung mit dem Architekten. Wenn Sie noch kein Grundstück haben, beziehen Sie ihn in Ihre Entscheidung ein. Er kann viel fachkundiger als Sie selbst den möglichen Bauplatz beurteilen – etwa in technischer Hinsicht, was Festigkeit und Feuchtigkeit betrifft, rechtlich, was die Baumöglichkeiten angeht und planerisch, welche Potenziale er für das Haus bietet oder wo äußere Bedingungen die Spielräume bereits sehr einschränken.

Referenzen

Zeichnet Ihnen ein Architekt einen konkreten Plan für ein ausgewähltes Grundstück, dann kann die folgende Phase kritisch sein. Denn manchmal haben Architekten andere Vorstellungen vom Traumhaus als deren Bauherren. Häufig werden sie kühlere Formen und Materialien wählen – Sichtbeton ist zum Beispiel unter Architekten weit beliebter als beim Durchschnitt der Hausbauer. Satteldächer dagegen, die über die Seitenwände ragen, gelten bei ihnen oft als spießig – auch wenn das dem Regenschutz der Fassade dient. Und im Inneren favorisieren Architekten häufig offene Grundrisse mit fließenden Raumfolgen. Sie sind oft schön anzusehen, verlangen aber von den Bewohnern einige Toleranz, da sie sich hier schwerer aus dem Weg gehen und hinter geschlossene Türen zurückziehen können. Wenn Sie sehen, dass ein Architektenvorschlag nicht Ihren

Abweichende Vorstellungen

Vorstellungen von Gestaltung oder Raumaufteilung entspricht, dann protestieren Sie. Es ist schließlich Ihr Haus, nicht seins. Also geben Ihre Bedürfnisse und Ihr Geschmack den Ausschlag und Ihre Vorlieben zählen mehr als seine Professionalität. Ein professioneller Architekt versteht und respektiert das auch.

Nicht nur bei der Arbeit am Entwurf können Architekten für Sie mehr leisten als andere, sondern auch später beim Bauen. Wenn Architekten von Ihnen mit dem Bau beauftragt werden, schreiben sie die einzelnen Leistungen aus, holen Angebote von Handwerkern und Lieferanten ein und prüfen sie kritisch. Der Vertrag wird dann direkt zwischen Ihnen als Bauherrn und dem Handwerker geschlossen. Hierbei sollten Sie den Architekten, einen Anwalt oder Bauherrenberater nach der optimalen Vertragsgestaltung fragen. Wichtig ist dabei, wie die Haftung in Schadensfällen geregelt ist. Hier sollten Sie eine fünfjährige Frist nach dem Bürgerlichen Gesetzbuch durchsetzen und sich nicht mit den vier Jahren begnügen, die die Vergabe- und Vertragsordnung für Bauleistungen (VOB) vorsieht. So sichern Sie sich am besten gegen spät entdeckten Pfusch ab.

Haftung

Bauleitung

Die Bauleitung („Objektüberwachung“) ist ein besonders hartes Stück möglicher Architektenarbeit. Hier müssen Firmen und Handwerker zeitlich aufeinander abgestimmt, richtig angewiesen, beaufsichtigt, kontrolliert, wo nötig gemahnt und zur Nachbesserung gedrängt werden. Eine Arbeit, die Sie als Bauherr nebenberuflich kaum leisten können – es sei denn, Sie haben viel Zeit und eigene Fachkenntnis. Ansonsten können Sie dem Architekten auch die Prüfung der Handwerkerrechnungen überlassen, so dass Sie für Pfusch nicht zahlen müssen. Und am Ende ist auch bei der Abnahme sein kundig-kritischer Blick gefragt.

ÜBERSICHT

Architekten: Wofür bezahlen Sie wie viel?

Leistungsphase der HOAI	Honoraranteil in Prozent	Honorar bei anrechenbaren Baukosten 150 000 € *
1. Grundlagenermittlung	3	500
2. Vorplanung	7	1.168
3. Entwurfsplanung	11	1.835
4. Genehmigungsplanung	6	1.001
5. Ausführungsplanung	25	4.171
6. Vorbereitung der Vergabe	10	1.668
7. Mitwirkung bei der Vergabe	4	667
8. Objektüberwachung	31	5.171
9. Objektbetreuung	3	500
Vollarchitektur	100	16.681

* Mittelwerte der Honorarzone 2

Baubetreuer: Manager der Handwerker

Möglicherweise ist Ihr Architekt vor allem ein kreativer Kopf, der gern entwirft, sich aber mit den Mühen des Baus nicht herumschlagen will. In diesem Fall können Sie hiermit einen Baubetreuer beauftragen – das kann auch ein anderer Architekt sein. Es gibt aber auch Baubetreuer, die ihrerseits Architekten beauftragen oder gar fertige Pläne für ein bestimmtes Grundstück mitbringen. Wollen Sie den Architekten selbst auswählen, dann sollte das im Baubetreuungsvertrag festgehalten sein. Und natürlich sollten Sie dann vor Vertragsabschluss Architekt und Baubetreuer zusammenbringen. Die Chemie zwischen beiden muss stimmen. Vor allem aber müssen der Plan des einen und die Art der Ausführung des anderen zueinander passen. Wenn Sie den richtigen Baubetreuer gefunden haben, bekommt er von Ihnen eine Vollmacht und kann dann Handwerkerverträ-

Vollmacht

ge in Ihrem Namen abschließen. Vertragspartner sind Sie; der Baubetreuer organisiert und überwacht aber die Handwerkerarbeiten, stellt Anträge bei Behörden und schlägt sich, wenn nötig, mit ihnen herum.

Generalunternehmer: Festpreis mit möglichen Tücken

Feste Preise und Termine

Die Beauftragung eines Generalunternehmers kann Ihnen organisatorische Mühen ersparen. Sie vereinbaren mit ihm den gesamten Bau zu festen Preisen und Terminen. Der Generalunternehmer macht dann nicht alles selbst, sondern beauftragt seinerseits andere Firmen – seine Subunternehmer. Macht er gar nichts am Bau selbst, sondern organisiert ausschließlich andere, heißt er Generalübernehmer. Diese anderen zahlt er (natürlich von Ihrem Geld) und haftet für ihre eventuellen Fehler. Sie selbst als Bauherr haben wenig mit den Handwerkern zu tun, können aber auch bei Mängeln nur indirekt über den Generalunternehmer auf sie einwirken. Und Sie müssen Vertrag, Leistungs- und Baubeschreibung sorgfältig darauf überprüfen, worauf sich der Generalunternehmer nicht verpflichtet – etwa Hausanschlüsse, Inneneinrichtung und Außenanlagen, die in Ihrer Verantwortung verbleiben. Wenn Sie sich auf dem Bau nicht so gut auskennen, lassen Sie sich von einem unabhängigen Berater helfen, zum Beispiel von einem Architekten.

Bauträger: Alles aus einer Hand

Alles aus einer Hand bekommen Sie vom Bauträger. Das kann ein lästiger Zwang sein: Bauträger entwickeln oft ganze Neubaugebiete und besitzen alle freien Grundstücke vor Ort. Wenn Sie dort bauen wollen, kommen Sie nicht um sie herum. Oft kaufen Bauträger auch Einzelgrundstücke, die für einen Neubau geeignet sind – etwa wenn dort noch nichts, nur eine Laube oder ein abrissreifes altes Haus steht. Auch dann gilt die Bedingung: Das Grundstück erhalten Sie nur mit einem Haus des Bauträgers. Auf diese Weise kurbeln zum Beispiel Baufirmen oft ihr Geschäft an, ebenso die Errichter von Fertighäusern.

Manche Hauskäufer schätzen an Bauträgern gerade, dass diese ihnen alles aus einer Hand liefern. Das spart eine Menge Sucherei, Planungsarbeit und Formalitäten. Man hat nur einen Ansprechpartner. Und wenn etwas schief geht, hat man nur einen, der für alles haftet. Damit freilich auch einen, von dem man sehr abhängig ist. Deshalb sollte man sich vor Vertragsabschluss Referenzen nennen lassen: Häuser oder ganze Siedlungen, die dieser Bauträger schon errichtet hat. Verlassen Sie sich jedoch nicht auf seine Angaben, sondern fahren Sie zur genannten Adresse und sprechen Sie Bewohner an: im Sommer einfach über den Gartenzaun, im Winter können Sie auch klingeln oder sich Namen notieren und später dort anrufen. Die meisten Leute reden gern über ihre Erfahrung beim Hausbau und geben jenen Tipps weiter, die ihn noch vor sich haben. Fragen Sie, wie zügig und gut organisiert der Bauprozess und wie sorgfältig die Arbeit war, ob die Termine eingehalten wurden, wie sich der Bauträger bei Beschwerden verhielt und wie es sich heute in dem Haus lebt.

Ein Ansprechpartner

Dabei sollten Sie nicht jede winzige Panne, die Ihnen irgendjemand schildert, auf die Goldwaage legen – kleine Mängel gibt es immer. Hauptsache, sie wurden korrekt abgestellt. Wenn Ihnen aber mehrere Bauherren unabhängig voneinander schlechte Erfahrungen mit einem Bauträger schildern, seien Sie gewarnt und nehmen besser einen anderen. Vor Vertragsabschluss sollten Sie den Bauträger und die Namen der Geschäftsführer auch einmal im Internet googlen: Gab es vielleicht in jüngerer Zeit eine Insolvenz mit einer anderen Firma?

Informationen aus dem Netz

Was in den Bauträger-Vertrag gehört

Die Sicherheit und Solidität des Bauträgers ist ein Kapitel für sich. Bekommt er selbst wirtschaftliche oder organisatorische Probleme, kann der gesamte Hausbau ins Stocken geraten. Denn solange das Haus noch im Entstehen ist, sind nicht Sie der Bauherr und Grundeigentümer, sondern der Bauträger. Sie dürfen ohne seine Erlaubnis nicht einmal auf die Baustelle, weshalb Sie sich gleich bei Abschluss des Bauträgervertrags für Vor-Ort-Kontrollen ein **Betretungsrecht** zusichern lassen sollten. Solche Kontrollen sind auch beim zuverlässigsten Bauträger zu empfehlen.

Weitere **Kernelemente** im Vertrag sollten sein:

- eine möglichst präzise Bau- und Leistungsbeschreibung,
- Grundrisse für alle Etagen und Ansichtszeichnungen von allen Seiten,
- Ihre geplanten Eigenleistungen und besonderen Wünsche,
- die Termine des Baubeginns und der Übergabe.

Ein besonderes Augenmerk sollten Sie auf **Nebenleistungen und Ausstattungen** richten, die nicht in der Baubeschreibung enthalten oder gar ausdrücklich ausgeschlossen sind: Erschließungskosten und die Hausanschlüsse für Wasser, Abwasser, Strom sowie eventuell Gas oder Fernwärme sowie Außenanlagen wie Garten und Carport. Das kann zusammen zigtausende Euro zusätzlich kosten. Bezüglich der Erschließungskosten muss im Vertrag stehen, welches Gesetz ihnen zugrunde liegt. Ist es das Baugesetzbuch (BauGB), dann sind Straßen und Wege, öffentliches Grün und die Straßenbeleuchtung gemeint. Die Herstellungskosten nach dem Kommunalabgabengesetz (KAG) gelten dagegen für die Anschlüsse ans Wasser- und Abwassernetz.

Erschließungskosten

Bezahlung des Bauträgers

Den Bauträger zahlen Sie ratenweise nach der **Makler- und Bauträgerverordnung** (MaBV). Auch deren Geltung sollte ausdrücklich im Vertrag stehen. Existenziell für Sie kann Paragraph 2 sein: Er verpflichtet den Bauträger, Vorauszahlungen von Ihrer Seite über eine Bankbürgschaft oder eine Versicherung zu Ihren Gunsten abzusichern. So erhalten Sie und Ihre Bank im Fall einer Insolvenz des Bauträgers wenigstens das schon bezahlte Geld zurück – ansonsten hätten Sie gezahlt, hätten aber kein Haus, weil dieses die Gläubiger verwerten. Noch sinnvoller ist allerdings eine **Fertigstellungsbürgschaft** der Hausbank des Bauträgers. Sie kommt für Mehrkosten auf, wenn Sie im Falle einer Bauträger-Insolvenz eine andere Firma für den Weiterbau beschäftigen müssen. MaBV

Eine **Gewährleistungsbürgschaft** sichert Sie für den Fall ab, dass der Bauträger nach Fertigstellung der Immobilie insolvent wird, jedoch noch Baumängel zu beheben sind.

Dagegen sollten Sie mit dem Eingehen einer eigenen **Bürgschaftsverpflichtung** vorsichtig sein, die Bauträger manchmal verlangen, damit Sie auch ganz bestimmt Ihr Haus bezahlen. An diesem Punkt müssen Sie der Bank Schranken setzen. Akzeptieren Sie keine Formulierung wie „Auf erste Anwendung" oder „Verzicht auf Widerspruch" – dann droht Zahlung ohne Gegenleistung. Besser sind Abtretungserklärungen. Hier geht das Geld für eine erbrachte Leistung erst dann von Ihrer Bank an die Baufirma, nachdem Sie zugestimmt haben. Abtretungserklärung

Eine Vertragstücke kann auch in der **Energieeinsparverordnung** (EnEV) lauern, die sich alle paar Jahre ändert. Steht im Vertrag, es gelte die bei dessen Abschluss gültige EnEV, kann der Bauherr Pech haben: Denn wird die EnEV bald darauf verschärft, muss er die neue einhalten, wenn er seinen Bauantrag oder die Bauanzeige noch nicht eingereicht hat. Er bekommt dann aber den höheren Standard von seinem Bauträger nicht geliefert. Daher sollte man sich in der heißen Planungs- und EnEV

GUT ZU WISSEN

Errichtung eines Neubaus durch einen Bauträger – welche Teilbeträge wann fällig sind

Für Neubauten legt die der **Makler- und Bauträgerverordnung MaBV** fest, in welchen Schritten Sie welchen Teil der Gesamtkosten zu zahlen haben:

- 30 Prozent nach Beginn der Erdarbeiten (wenn Sie das Grundstück schon haben, nur 20 Prozent)
- 28 Prozent nach dem Richtfest (Fertigstellung des Rohbaus)
- 5,6 Prozent für Dächer und Dachrinnen
- jeweils 2,1 Prozent für die Rohinstallation der Heizung, der Sanitär- und Elektroanlagen, für Estrich und Fassade
- 7 Prozent für Fenster inklusive Glas
- 4,2 Prozent für Innenputz
- 2,8 Prozent für Fliesen in Bad und Küche
- 8,4 Prozent nach Bezugsfertigkeit
- 3,5 Prozent nach vollendeter Fertigstellung – alle Mängel sind behoben. Diese Sätze gelten für Bauträger.

Für Baubetreuer, von denen Sie kein Grundstück kaufen, ist der zu zahlende Teilbetrag der vereinbarten Gesamtkosten ab dem zweiten Schritt (Richtfest) jeweils ein Siebentel höher. Bei beiden Anbietern zahlen Sie nicht für jeden kleinen Schritt einzeln, sondern fassen mehrere zusammen und zahlen insgesamt höchstens sieben Raten. Große Vorsicht ist aber geboten, wenn der Bauträger eher Geld haben will, als nach der MaBV vorgesehen ist – dann hat er es womöglich dringend nötig.

Vertragsphase stets in Sachen EnEV auf dem Laufenden halten und wenn nötig beim Bauträger darauf drängen, dass er laut Vertrag der jeweils vom Gesetz geforderten Energiespar-Standard liefern muss.

Fertighaus: Ihr Heim aus der Fabrik

Massiv- contra Fertighaus

Vor Jahrzehnten war der Unterschied klar: Es gab das auf der Baustelle Stein auf Stein gemauerte Haus und das Fertighaus, das wie ein Bausatz komplett aus der Fabrik kam – und das Bauherren auch nur so nehmen konnten, wie es in Serien produziert wurde. Zwar versuchen immer noch Anbieter beider Gruppen, ihre Bauweise zum Nonplusultra zu erklären: die einen das Massivhaus als traditionell, solide, wertbeständig, die anderen den Fertigbau als präzise, rasch, professionell. Aber die Extreme haben sich längst angenähert: Teile des Baus können handwerklich hergestellt, andere vorgefertigt sein. Es kann passieren, dass das Haus aus der Fabrik extrem individuell und eigenwillig wirkt, dagegen zehn handwerklich gemauerte Heime aussehen, als kämen sie vom selben Fließband. An die Wand klopfen gibt häufig auch keinen Aufschluss: Das Fertighaus ist womöglich mit den gleichen Klinkern oder einer ähnlichen Putzschicht verblendet wie das gemauerte. Und auch im Inneren fällt es oft schwer, ein Fertighaus von einem Massivbau zu unterscheiden: Weder knarren beim Fertigbau regelmäßig die Holzdielen noch sind Massivbauten gegen Hellhörigkeit gefeit.

Individuelle Wünsche

Und obwohl die Fertigbau-Kataloge und Musterhaus-Ausstellungen immer noch voller Standardtypen mit mehr oder minder fantasievollen Namen sind, können Sie mit Ihren Wünschen inzwischen weit von diesen Standards abweichen. „Fertighaus" bedeutet nicht, dass Sie nur fertige Entwürfe bestellen können – sondern lediglich, dass wichtige Teile wie Wände und Dach in der Fabrik vorgefertigt sind. Das aber kann auch nach ganz individuellen Wünschen geschehen sein. Es gibt zum Beispiel mehr unterschiedliche Dächer als Hüte: Flach-, Steil- oder Walmdach mit oder ohne Erker und Giebel, Ziegel in allen Farben, Schiefer, Reet oder für Freunde des Pops ein knallig-buntes Metalldach. Denkbar ist sogar, dass Sie Ihren Architekten individuell mit dem Entwurf für ein Fertighaus beauftragen, das anschließend nach diesen Plänen in einem Werk vormontiert wird.

Deshalb ist auch die Aussage nicht mehr richtig, dass Fertigbau wegen der rationelleren Herstellung grundsätzlich billiger sei. Fest steht aber: Er lässt sich meistens schneller abwickeln. Das spart Miete und Zinsen, die während des Baus eines Massivhauses zugleich aufgebracht werden müssten. Fertigteile können das ganze Jahr über in der Halle produziert und auf der Baustelle sogar im Winter montiert werden. Und diese Rohbauphase dauert bestenfalls nur einen einzigen Tag. Damit das klappt, muss natürlich das Grundstück längst beschafft sein, das Bauamt muss rechtzeitig Bescheid bekommen haben und Keller oder Bodenplatte müssen hergestellt sein. (Das machen auch viele Fertighausanbieter – entweder zusammen mit Partnerfirmen oder mit eigenen Fertigkellern.) Die Kosten für Grundstück und Keller müssen Sie natürlich zum Baupreis für das Haus hinzu rechnen, ebenso Erschließung und Anschlüsse, eine besondere Ausstattung und in manchen Fällen auch Kosten für Planung, Statik und Behörden. Der Hauspreis selbst sollte im Vertrag bis zur Fertigstellung fixiert sein – denn sonst kann es sein, dass die „Festpreisgarantie" des Herstellers in Wirklichkeit keine ist, weil er sie nur befristet gegeben hat und später von Ihnen den dann neuen, natürlich höheren Listenpreis verlangt. Ansonsten gelten für Verträge die gleichen Regeln wie bei Verträgen mit Bauträgern (siehe Seite 124, „Was in den Bauträger-Vertrag gehört").

Schnellere Abwicklung

Festpreisgarantie

Wie solide sind Fertighäuser?

Die Zeiten sind vorbei, in denen Fertighäuser als durchweg unsolide galten. Die Lebensdauer von Häusern hängt nicht so sehr von der Bauweise oder vom Material ab wie von der späteren Pflege. Im Prinzip sind Fertighäuser entweder Plattenbauten (wogegen im Prinzip nichts zu sagen ist) oder, das ist der häufigere Fall, quasi Fachwerkbauten mit Holzgerüst und Füllmassen. Diese Masse ist natürlich nicht mehr Lehm wie in historischen Bauten, sondern besteht zum Gutteil aus

Pflege

Dämmstoffen gegen Wärmeverlust und Lärm. In puncto Wärmedämmung erfüllen Fertighäuser die Standards sogar relativ leicht. Deutlich schlechter stehen sie aber oft beim internen Schallschutz da. Nur mit besonders teuren Deckenaufbauten lässt sich vermeiden, dass man unten jeden Schritt hört, den oben jemand geht.

Schallschutz

Bestimmte Standards in Wärme- und Schallschutz sowie in Material- und Bauqualität garantieren die Mitglieder des Bundesverbandes Deutscher Fertigbau mit ihrer Qualitätsgemeinschaft. Fertighäuser haben jedoch nach wie vor ein Imageproblem und Sachverständige setzen wegen angeblich kürzerer Lebensdauer in Gutachten ihren Wert etwas niedriger an. Das **Fazit:** Wer sich wirtschaftlichen Werterhalt und leichteren Wiederverkauf garantieren will, baut massiv. Wer vor allem schnell ins Traumhaus möchte und darin Wert auf gute, unaufwändige Dämmung legt, ist mit dem Fertigbau besser bedient. Bei der Wahl des Bautyps kommt es aber ansonsten nicht so sehr auf die Bauweise an wie auf Preis, Ausstattung, Grundriss und Aussehen.

TIPP

Fertighaus-Anbieter: So finden Sie den richtigen

- Musterhaus-Siedlungen
- Empfehlungen von Bekannten
- Referenzen von Bauherren
- Verbände (Adressen am Ende des Kapitels)
- Repräsentanz in Ihrer Nähe. Wichtig: Wer führt die Bauaufsicht und ist Ihr Ansprechpartner am Bau?

Der Vertrag: Tipps für alle Baupartner

Gerade am Bau lauern so viele Tücken, dass Sie sich gegen unangenehme Überraschungen absichern sollten. Dabei hilft ein sorgfältiger Vertrag. Auch wenn Ihr Vertragspartner stöhnt, dass noch dieses oder jenes hinein soll: Bestehen Sie darauf! Eine falsche oder fehlende Formulierung kann Sie später tausende von Euro kosten. Tückisch ist zum Beispiel der Begriff „schlüsselfertig“. Er ist gesetzlich nicht geregelt. Zwar scheint eine Formulierung wie „einzugsbereit“ eindeutig – aber was ist zum Beispiel mit dem Garten?

CHECKLISTE

Diese Punkte gehören in den Vertrag

1. beim Fertighaus die **Kauf- und Liefervereinbarung** und die Bindung des Herstellers an seinen Angebotspreis
2. ein kostenloses **Rücktrittsrecht** für Sie für den Fall, dass das Bauamt oder die Nachbarn dem Projekt einen Strich durch die Rechnung machen
3. die **Allgemeinen Geschäftsbedingungen** des Anbieters oder – meist besser für Sie – die Vergabe- und Vertragsordnung für Bauleistungen („VOB 2006").
4. eine Vereinbarung über **Schadenersatz bei Terminverzug** – Ihr bestes Mittel gegen Bummelei am Bau.
5. die **Baubeschreibung**. In ihr sollen alle Materialien, ihre Verwendung und Konstruktionsart stehen. In diesem Punkt sollten Sie auf genauen Formulierungen bestehen, z.B. auf Nennung von Markennamen statt „hochwertige deutsche Produkte" oder etwas ähnlich Schwammigem. Die Liste der wichtigen Punkte ist so lang, dass sie hier unmöglich aufgezählt werden kann. Die Bestandteile, die aufgeführt werden müssen, reichen vom Fundament über die Außen- und Innentreppen bis zu den Dachfenstern. In eine ordentliche Baubeschreibung gehören mindestens etwa 30 Positionen. Internet-Adressen von Muster-Baubeschreibungen finden Sie auf Seite 132.

6. eine **Leistungsbeschreibung**. Hier geht es nicht um die Materialien, sondern um den Umfang der Arbeit. Wer macht die Planung, berechnet die Statik und kontaktiert die Behörden? Hat das Unternehmen einen Bauleiter? Gehören der Keller oder die Außenanlagen zum vereinbarten Paket? Werden Bäder nach Abschluss der Bauarbeiten endgereinigt und wird Parkett geschliffen und versiegelt? Und gehen Inbetriebnahme und technische Überprüfung von Geräten, etwa der Heizung, auf Kosten des Bauunternehmens? Das sollte Standard sein.
7. eine Vereinbarung über den **Schallschutz**. Auch hier sollte sich nicht eine allgemeine Formulierung wie „hochwertiger Schutz" finden, sondern das Trittschalldämm-Maß T' und das Luftschalldämm-Maß R' angegeben sein. Wichtig ist, dass nicht das so genannte normale, sondern das bewertete Maß vereinbart wird. Dieses gibt die Schalldämmwirkung eingebauter Teile an, das Normalmaß dagegen nur die Wirkung isolierter Teile ohne das Zusammenspiel mit anderen.
8. eine Liste aller **chemischen Stoffe**, die beim Bau verwendet werden. Achten Sie nicht nur auf Stoffe, die die Gesundheit gefährden können, sondern auch auf solche, deren Produktion und Entsorgung ökologisch heikel ist. Auskünfte zu diesem Thema erhalten Sie zum Beispiel in der Zeitschrift Ökotest.

Baupartner: Wer bietet was?

	Kosten	**Service**	**Vorteile**	**Nachteile**
Architekt	eigenes Honorar nach Honorarordnung; Baukosten nicht fest	individuelle Planung; bei Auftrag Bauleitung, Aufsicht über Handwerker usw.	individuelle Entwürfe und Beratung; Treuhänder-Funktion ggü. dem Bauherrn	geringe Kostensicherheit; keine Kostenvorteile durch Serientyp und -fertigung
Baubetreuer	Honorar wird individuell vereinbart	Organisation der Bauarbeiten	Betreuung des schwierigen Bauprozesses	geringe Kostensicherheit, keine Entwurfshilfe und -beratung
Generalunternehmer oder -übernehmer	Fester Gesamtpreis	Entwurf, Baudurchführung	Gesamtpaket zum Festpreis; Haftung	Leistung ggf. teuer; keine direkte Einwirkung auf Bauprozess; ggf. Sonderleistungen teuer

	Kosten	Service	Vorteile	Nachteile
Fertighausfirmen	Fester Gesamtpreis	Entwurf; Baudurchführung	Gesamtpaket zum Festpreis; meist rasche Fertigung; Haftung	Abweichung von Standardtypen z.T. teuer; bei einem späteren Verkauf sind Interessenten evtl. wegen der Bauweise skeptisch

Weitere Informationen

- **Architekten**
www.besser-mit-architekten.de
Informationen über Bauen und Architektenleistungen; Links zu den Seiten der Architektenkammern

- **Bauverträge**
www.baufi-nord.de → Neubau → Bauwerkvertrag
www.haus-blick.de → Service

- **Musterbaubeschreibungen**
Kurze, exemplarische Musterbaubeschreibung unter
www.immobilien-brueckers.de/musterbau.htm

- **Musterbaubeschreibung für Fertighäuser**
www.fertighaus-berater.de → Fertighaus → Baubeschreibung

- **Bauträger-Verzeichnis**
www.bautraeger.net

- **Fertighaus-Anbieter im Internet**
www.fertighaus.de
www.fertighaus-berater.de → Fertighaus → Fertighaus Hersteller

- **Verbände**

Bundesverband Deutscher Fertigbau e.V. (BDF)
Flutgraben 2
53604 Bad Honnef
Tel. 02224/93 77-0
Fax 02224/93 77-77
E-Mail über Kontaktformular auf Website
www.bdf-ev.de

DFV – Deutscher Fertigbauverband e.V.
Geschäftsstelle Stuttgart
Hackländerstraße 43
70184 Stuttgart
Tel. 0711/2399650
Fax 0711/2399660
E-Mail: info@dfv.com
www.dfv.com

Deutscher Massivholz – und Blockhausverband e.V.
Neumarkter Straße 21
81673 München
Tel. 089/28 66 26-16
Fax 089/28 66 26-26
E-Mail über Kontaktformular auf Website
www.dmbv.de

Massiv-Mein-Haus e.V.
Lucie-Höflich-Straße 17
19055 Schwerin
Tel. 0385/20794013
Fax 0385/20888958
E-Mail: info@massiv-mein-haus.de
www.massiv-mein-haus.de

Holzbau-Verband
ZimmerMeisterHaus® Service&Dienstleistungs GmbH
Stauffenbergstraße 20
74523 Schwäbisch Hall
Tel. 0791/94 94 74-0
Fax 0791/94 94 74-22
E-Mail: info@zmh.com
www.zmh.com

KAPITEL 9

Klug planen und bauen

Materialien, Techniken, Planungsdetails und Eigenleistungen: Bei der Bauausführung haben Sie besonders viele Alternativen. Schon kleine Entscheidungen können kurz- oder langfristig tausende von Euro sparen.

Materialien: Stein oder Holz?

Gerade beim Bauen gibt es noch starke regionale Traditionen. **Ziegelbauten** sind vor allem in Nord- und Nordostdeutschland verbreitet, wo es viele Tongruben gibt. Zwei klassische Vertreter dieser Bauweise sind der Hamburger Rotklinkerbau und das verputzte Berliner Ziegelhaus. Es werden aber längst nicht nur einzelne Steine gebacken, sondern auch große Formen, die dann zum Beispiel zu Porotonziegeln zersägt werden. Der Vormauerziegel ist nach außen sichtbar und dient dem Wetterschutz. Der Hintermauerziegel dient der Dämmung und dem Schallschutz und wird verputzt.

Ziegel

Kalksandstein wird nicht wie Ziegel gebrannt, sondern gepresst und unter Dampfdruck gehärtet. Seine Schall- und Wärmedämmwerte sind gut, ebenso der Feuchtigkeitsdurchlass (Dampfdiffusion). Das Wort Betonsteine klingt für viele abschreckend; sie sind aber letztlich mit ihrer Zusammensetzung aus Zement, Sand, Kalk und Wasser ein Naturstoff-Mix wie andere auch. Leicht- und Porenbetonsteine mit zusätzlichen Stoffen sind stabil und dämmstark.

Betonstein

Alle Steine lassen sich ein- oder mehrschalig verbauen. **Einschalige Mauern** sind 30 bis 50 Zentimeter stark und dämmen teils so gut, dass sie ohne Zusatzschicht den Energiespar-

Vorschriften genügen. Man kann sie zusätzlich dämmen, allerdings werden die Wände dann irgendwann so dick wie jene von mittelalterlichen Burgen. **Zweischalige Wände** bestehen eigentlich aus drei bis vier Schichten: der tragenden Innenwand, der Dämmschicht und der Außenverkleidung. Zwischen den letzten beiden liegt oft noch eine Luftschicht.

Verschalung

Holzhäuser dominieren naturgemäß da, wo es große Wälder gab und gibt – also eher im Süden als im Norden und eher in Mittelgebirgen als im Flachland. Inzwischen sind aber Transporte oft so günstig und der Anteil schweren Holzes ist so gering, dass sich die Preise von Region zu Region kaum noch unterscheiden. Ob man Holz als Baustoff wählt ist mehr eine Frage des Geschmacks und der persönlichen Vorlieben. Beim **Holzrahmenbau** kommen Platten auf beide Seiten des Rahmens, dazwischen liegt die Dämmschicht. Eng mit ihm verwandt ist der **Holztafelbau**. Bei dieser Bauweise wird im Werk noch mehr als beim Rahmenbau vorgefertigt, meist ganze Wände. Beim **Holzskelettbau** muss nur das Traggerüst aus Holz bestehen. Böden, Wände und Decken müssen es nicht, sind es aber oft auch.

Gute Wärmedämmung

Die meisten Holzhäuser verfügen über eine gute Wärmedämmung und ein angenehmes Wohnklima. Beim Bau werden Rohstoffe und Energievorräte geschont. Liegt das Holz offen, entsteht das stärkste Gefühl von natürlichem Wohnen. Allerdings ist Holz besonders pflegeintensiv. Zwei Vorurteile gegenüber Holzhäusern stimmen hingegen nicht: Sie sind heute so haltbar wie andere Häuser auch – bei Holzbauten ist die Pflege jedoch wichtiger als bei anderen Materialien. Und sie sind feuerbeständig. Holz kann sicherer sein als Stahl, der urplötzlich nachgibt. Sollte es zu einem Brand kommen, sind Holzhäuser ungefährlicher als solche mit hohem Kunststoff-Anteil, deren Qualm giftig ist.

Eigenleistung und Nachbarschaftshilfe: Wann Selbstbau Rabatt bringt

Niemand käme auf die Idee, einen Neuwagen unfertig und dafür billiger zu kaufen, anschließend selbst die Sitze zu montieren, das Lenkrad anzuschrauben und Glühbirnen in die Scheinwerfer zu drehen. Doch aus dem Möbelmarkt ist das Prinzip vertraut. Und auch beim Hausbau ist das Anpacken gang und gäbe. In allen entstehenden Eigenheim-Quartieren werden nach Feierabend und am Wochenende Fundamente gegossen und Mauern hochgezogen, Dachziegel gelegt, Rohre geschraubt und Pinsel geschwungen. Professionelle Baufirmen ärgern sich nicht etwa über die private Konkurrenz, sondern fördern den Trend: Eine Unzahl von „Rohbau-Häusern“, „Selbstbau-Häusern“ oder „Ausbau-Häusern“ ist im Angebot. Die Arbeitsleistung des Bauherrn wird auch „Muskelhypothek“ genannt, nach dem Motto: Was man nicht auf dem Konto hat, bringt man stattdessen mit kräftigen Oberarmen ein. Der Schweiß-Einsatz bringt den Baufirmen zusätzliche, oft jüngere Kunden, die mehr Einsatzfreude, Geschick und Kraft besitzen als Geld.

Muskel-hypothek

Theoretisch kann man fröhlich drauflos werkeln und fast alles selbst machen – vom Ausheben der Baugrube bis zum Verlegen der letzten Teppichfliese. Doch praktisch verlangt ein sinnvoller Muskeleinsatz zunächst eine Menge Hirnschmalz: Wer was wann zu welchen Bedingungen macht, muss sorgsam geplant werden. Denn hinter der scheinbar simplen Selbsthilfe lauern Risiken und Komplikationen. Viele Selbsthelfer überschätzen ihre Fähigkeiten und unterschätzen den nötigen Zeitaufwand. Die **Faustregel:** Talentierte und erfahrene Amateur-Bauer sollten für ihre Eigenarbeit mindestens das Eineinhalbfache der Zeit ansetzen, die ein Profi-Handwerker veranschlagt. Durchschnittlich begabte Amateure brauchen das Doppelte. Und wer zwei linke oder schwache Hände hat, lässt es am besten ganz.

Sorgsame Planung

Theoretischer Lohn

Wer sich die Sache zutraut, setzt im nächsten Schritt einen theoretischen Lohn für sich selbst an. Wollen Sie schon für drei Euro Baukosten-Ersparnis pro eigene Arbeitsstunde die lauen Sommerabende am Zementmischer statt am Pool verbringen oder erst für 30 Euro? Wenn Sie selbständig sind oder bezahlte Überstunden machen können, fragen Sie sich: Können Sie pro Arbeitsstunde auf der Baustelle mehr sparen, als Sie zugleich mit ihrer vertrauten Tätigkeit verdienen würden?

Schriftliche Vereinbarung

Um wie viel Ihre Eigenleistung letztlich billiger wird, hängt stark von den ansonsten beauftragten Firmen ab. Bauträger und Fertighaus-Anbieter nennen gewöhnlich einen Festpreis fürs schlüsselfertige Haus. Von diesem ziehen sie bei Eigenleistungen ganz unterschiedliche Summen ab. Gewiefte Baufirmen enthüllen vor Baubeginn nicht einmal, wie viel sie nach Fertigstellung vom Preis nachlassen wollen. Steht im Vertrag eine schwammige Formulierung wie „Eigenleistungen sind möglich und werden in der Schlussrechnung vergütet", dann schuftet man als Selbsthelfer im schlimmsten Fall ohne Kostenersparnis. Preisnachlässe für geplante Eigenarbeiten sollten schriftlich konkret vereinbart werden. Wichtig ist auch: Für den Fall, dass man seine Fähigkeiten, Zeit und Nervenkraft überschätzt, sollte man auf eine **Fertigstellungsgarantie** der Baufirma zurückgreifen können.

Auch Eigenbau ist nicht umsonst

Material und Geräte

Beim Selbstbau ist zwar oft von möglichen Ersparnissen bis zu 20.000 oder gar 50.000 Euro die Rede. Doch da muss man die eigene Arbeit gegenrechnen, und die ist nicht geschenkt. Zum sinnvollerweise kalkulierten Eigenlohn kommen Kosten für Material und Geräte. Das reicht bis zur Miete für einen Kran, der die Plackerei am Rohbau erleichtert. Es gibt Fälle, in denen Selbstbauer ihre Kosten um bis zu 15.000 Euro unterschätzten. Auch das nötige Know-how will oft erst angeeignet sein. Steinhersteller bieten zum Beispiel Wochenendseminare für angehende Privatmaurer. Die sind mal umsonst, mal werden die Kosten beim Kauf eines Steinpakets der betreffenden Firma erstattet.

Zahlreiche Architekten, Ingenieure und Baufirmen bieten ihren Rat während der Bauzeit an. Das reicht von gelegentlichen lockeren Schwätzchen bis zu „organisierter Gruppen-Selbsthilfe“, bei der eine ganze Gemeinschaft von Bauherren unter Anleitung eines Experten anpackt. Das geht natürlich viel langsamer vonstatten als ein professioneller Bau – mehr als ein Jahr Feierabendarbeit kann es bedeuten. Aber meist bringt die Teamarbeit am Bau nach Einzug ins neue Haus eine besonders gute Nachbarschaft. Das freilich nur, wenn Leistung und Gegenleistung sich die Waage halten. Wer unter „Nachbarschaftshilfe“ versteht, dass er die fünf besten Freunde eine Saison lang allabendlich für eine Flasche Bier als Lohn zum Bauen einspannen kann, hat bald keine Freunde mehr. Besser funktioniert es, wenn Bauherren mit unterschiedlichen Fähigkeiten sich in einem Gemeinschaftsprojekt zusammentun.

Nachbarschaftshilfe

Ob Solo- oder Gemeinschaftsarbeit: Ein stetes Risiko liegt in der Einhaltung von Terminen. Wer wenig Bauerfahrung hat, tut sich naturgemäß schwer mit der Aufstellung realistischer Zeitpläne. Die aber sind am Bau so wichtig wie kaum irgendwo sonst, da verschiedenste Handwerker, Lieferanten und nicht zuletzt der Bauherr auf komplizierte Weise zusammenspielen müssen. Zeitverzug bei einem Arbeitsschritt zieht oft eine ganze Kette weiterer Verzögerungen nach sich. Wird etwa ein Rohbau nicht wie geplant bis zum Herbst fertig, fällt womöglich ein ganzer Winter für die zeitaufwändigen Innenausbauten aus. Heikel ist das für die späteren Bewohner vor allem, weil sie laufend Rechnungen begleichen und Kreditzinsen zahlen müssen, auf der anderen Seite weiter in der alten Wohnung Miete zahlen oder ihr bisheriges Haus noch nicht verkaufen können. Selbsthilfe, eigentlich zum Sparen gedacht, wird hier zum kostensteigernden Bumerang. Eine Baufirma, die bei Verzögerung zahlen muss, kommt in einem solchen Fall billiger.

Einhaltung von Terminen

Pfusch

Teuer wird auch eigener Pfusch, für den natürlich kein Dritter einsteht. Unter schwarz arbeitenden Profi-Handwerkern ist es ein beliebtes Spiel, unbedarften Selbstbauern die Schuld für das eigene Versagen in die Schuhe zu schieben. Was kann zum Beispiel der Klempner für den Rohrbruch, wenn die Wand ein bisschen schief gemauert ist? Einen Bauträger dagegen kann man für alles haftbar machen, was unter seiner Regie misslungen ist.

Ganz allein planen und bauen darf im Übrigen auch der wagemutigste Selbsthelfer nicht: Stets muss ein Architekt oder Ingenieur die Baupläne beim Amt einreichen, immer ist ein amtlich anerkannter Experte zumindest formell als Bauleiter vonnöten. Auch fürs „Einmessen" und „Auswinkeln" des Bauwerks wird ein Vertreter vom Fach verlangt. Schließlich gibt es Spezialarbeiten wie den Anschluss des Hauses ans Stromnetz, die nur anerkannte Handwerker leisten dürfen.

Gewerk	**Schwierigkeitsgrad** 1 = leicht 2 = schwer 3 = sehr schwer	**Ihre mögliche Einsparung** (Prozent der Fremdkosten, ungefährer Satz)
Erdarbeiten, Humus abtragen, Ausheben der Baugrube, Fundamentarbeiten	1 (aber teilweise sehr hoher Kraftaufwand)	70–100
Kellerwände mauern oder betonieren	2-3	30–60
Deckenarbeiten	2-3	30
Außenwände mauern	2	30–40
Treppenbau	3	10–20
Estricharbeiten	3	50–60
Dachstuhl	3	5–10
Dachisolierung	2	20–40
Dacheindeckung	2	35–50
Heizungsinstallation	2-3	10–20
Sanitärinstallation	2-3	10–20
Elektroinstallation	2-3	20–40
Fenster und Rollläden	2	15–20
Türen	2	10–20
Außenputz	2-3	30
Innenputz	2	60
Bodenbeläge (Holz oder Parkett)	2	30–50
Teppichboden	1-2	20–30
Malerarbeiten	1-2	70

Quelle: Wolfgang Wirtz, Iris Röthig, Toni Thilmann: 1000 Tips für Bauherren. Droemer Verlag (vergriffen)

Durch gute Planung Kosten sparen

Mehr Geld als durch schweißtreibende Handarbeit können Sie oft durch pfiffige Kopfarbeit sparen. Investieren Sie lieber etwas mehr Hirnschmalz in die Planung als Muskelkraft in den späteren Bau. Lassen Sie zum Beispiel für den Grundriss Alternativen entwickeln (oder zeichnen Sie sie selbst). Versuchen Sie sich bei jeder Variante vorzustellen, ob Ihre Möbel gut passen – und noch wichtiger: Ob Sie darin so leben können, wie Sie es sich vorstellen. Manche Bauherren erschrecken, wenn der Rohbau steht, zum Beispiel, weil einzelne Zimmer überraschend dunkel oder eng sind. Dann aber ist es für preisgünstige Änderungen zu spät. Aber auch kleinere Details sind nur noch mit hohem Aufwand zu ändern, wenn sie einmal fest eingemauert oder angeflanscht sind.

Viele Bauherren träumen davon, ihr Haus aufwändig aufzuhübschen: mit Erkern und Vordächern, vielfältig gegliederten Dächern oder mehreren Fassadenmaterialien. Doch all das kostet. Die Architektur des Bauhauses der 1920er Jahre hat sich nicht deswegen durchgesetzt, weil der Stil genial gewesen wäre – sondern weil die Formen schlicht und billig herstellbar sind. Sie selbst brauchen nun nicht unbedingt ein Flachdach oder breite Fensterbänder wie die historische Bauhaus-Architektur. Aber mit einheitlichen Fassaden, klaren Formen und einem einfach wirkenden Dach bauen Sie am wirtschaftlichsten. Oft sieht es auch besser aus, ist praktischer zu bewohnen und verbraucht wegen der kleineren Außenwandflächen weniger Energie als ein Mini-Neuschwanstein. Und manches können Sie später noch nachrüsten, wobei gute Planung hilft. Soll zum Beispiel irgendwann ein Balkon ans erste Stockwerk, dann lassen Sie schon jetzt ein französisches Fenster einbauen, das so hoch ist wie eine Tür. Dann müssen Sie später nicht die Wand aufstemmen lassen, wenn Sie sich den Balkon leisten. Und wenn Sie von einem Kamin träumen, dann lassen sie gleich den Schacht einbauen. Das geht später nur mit immensem Aufwand.

Klare Formen

Sparen mit Standardmaßen

Gut sind auch Standardmaße. Eine große Auswahl schöner und relativ preisgünstiger Türen und Fenster bekommen Sie ab Werk. Dass diese passen garantieren Ihnen die **Baurichtmaße**. Hier werden 12,5 Zentimeter mit einer geraden Zahl multipliziert, ergeben also 25, 50, 75 und 100 Zentimeter. Nach diesen Maßen für Tür- und Fensterbreiten richten sich viele Hersteller. Was dem nicht entspricht, muss aufwändig handgemacht werden und wird entsprechend teuer. Bei der Raumaufteilung achten Sie zunächst auf maximierte Zimmer- und minimierte Flurgrößen (siehe „Grundriss – Räume auf Papier" in Kapitel 4.). Kein Raum sollte aber zu groß sein: Wenn Deckenkonstruktionen mehr als fünf Meter überspannen müssen, dann steigen die Statik-Kosten überproportional. Räume, die Wasseranschluss benötigen, sollten möglichst nebeneinander oder übereinander liegen. Das spart Rohre und zwischen diesen Räumen Schallschutz. Wen stört es in der Küche, wenn drüber jemand in der Wanne planscht?

Raumaufteilung

Keller oder nicht?

Ein besonders heiß diskutiertes Thema beim Kostensparen ist der Keller. Kann man die 20.000 Euro einsparen, die seine Erstellung kostet? Das wird unter Bauexperten so leidenschaftlich diskutiert wie Glaubensfragen. Einerseits kann man Abstellräume auch in einem Schuppen oder unterm Dach schaffen. Wer mit Fernwärme, Gas oder Bioenergie heizt, braucht keinen Raum für den Öltank mehr – und bei Fernwärme nicht einmal mehr einen Brenner. Wohnräume im Keller haben meist nur eingeschränkte Qualität: Das schmale vergitterte Fenster knapp unter der Decke und die Düsternis können Gefängnis-Gefühle vermitteln; schlecht isolierte Keller sind kalt und feucht.

Nachteile

Dagegen stehen die Pluspunkte des Kellers. Nirgendwo sonst im Haus lässt sich Raum so billig schaffen. Bei der Kalkulation der Baukosten sollten Sie auch bedenken, wie viel Sie für einen alternativen Schuppen aufwenden müssten und wie viel für eine Bodenplatte und in die Erde ragende „Frostschürzen". Oft wird ein Keller mit der Zeit immer wichtiger: Mit den Jahren sammelt sich Vieles an, das man nur hier unterbringen kann. Auch die Haustechnik ist hier am günstigsten untergebracht. Und wenn das Fenster nicht ganz so winzig und die Isolierung nicht ganz so schlecht ist, können auch Kellerräume gut bewohnbar sein, zumindest tageweise für Gäste oder für Hobbytreibende, Heimarbeiter und -sportler oder können als Schlafraum genutzt werden. Als solcher sind kühle Keller im Sommer besonders beliebt. Auch der spätere Wiederverkaufswert des Hauses hängt stark vom Keller ab. Viele potenzielle Erwerber kehren auf dem Absatz um, wenn das Haus keinen Keller hat.

Vorteile

TIPP

So können Sie beim Bauen sparen

- sorgfältig planen, Änderungen während der Bauzeit vermeiden
- schlichte Hausform wählen
- Extras auf später verschieben, nur Öffnung vorsehen (z.B. Balkon, Wintergarten)
- für Bauteile Standardmaße wählen
- auf teure Haustechnik verzichten (Sensoren, Alarmanlagen usw.)
- bei kleinem Haushalt evtl. auf Keller verzichten

Baugenehmigung oder Bauanzeige: Was Sie vom Amt brauchen

Von jedem Bauprojekt, das in die Substanz eines Hauses eingreift oder neue Substanz schafft, muss das zuständige **Bauordnungsamt** der Stadt oder des Landkreises erfahren. Es muss überprüfen können, ob Ihr Projekt mit Planungs-, Umwelt-,

Nachbar- und anderen Rechten und Vorschriften vereinbar ist, ob es sicher ist und nicht mit anderen Vorhaben kollidiert. Hierfür müssen Sie entweder einen **Bauantrag** stellen oder eine **Bauanzeige** einreichen. Was wann erforderlich und möglich ist, regelt jedes Bundesland in seiner **Landesbauordnung** (LBO) ein wenig anders. Grundsätzlich brauchen Sie Baugenehmigungen stets bei großen und komplizierten Projekten. Hier dürfen Sie erst mit dem Bauen anfangen, wenn Ihr Architekt oder Ingenieur (der „Bauvorlageberechtigte") den Bauantrag eingereicht und vom Amt die Genehmigung erhalten hat – die „Baufreigabe" mit dem klassischen roten Punkt auf der Akte.

Baufreigabe

Für Einfamilienhäuser sind die Bestimmungen meist nicht so kompliziert, sie heißen aber in jedem Bundesland anders: in Baden-Württemberg zum Beispiel Kenntnisgabeverfahren, in Bayern Genehmigungsfreistellungsverfahren, in Bremen, Hessen, Sachsen-Anhalt und Schleswig-Holstein Vereinfachtes Genehmigungsverfahren sowie in Brandenburg, Mecklenburg-Vorpommern, Niedersachsen, Nordrhein-Westfalen, Rheinland-Pfalz, Saarland, Sachsen und Thüringen Anzeigeverfahren. Mal muss die Behörde Ihnen in bestimmter Frist Ihr Projekt genehmigen oder verweigern, mal dürfen Sie loslegen, wenn das Amt nach einer bestimmten Zeit nicht reagiert hat. Fragen Sie einen Architekten oder anderen Experten nach den örtlichen Verhältnissen – die sich aber immer mal wieder ändern können.

Anzeigeverfahren

Praktischer erscheint zunächst das Anzeigeverfahren, bei dem man nur dem Amt seine Absicht mitteilt und die Genehmigung automatisch als erteilt gilt, wenn das Amt nicht in einer bestimmten Frist widerspricht. Aber wenn das Amt sich nicht rührt, müssen Sie bis zum Ende dieser Frist mit dem Baubeginn warten. Und wenn Ihr Bauantrag fehlerhaft ist und die Behörde das ohne eigenes Versagen erst später feststellt, können Sie Riesenpech haben, denn Sie besitzen dann womöglich einen Schwarzbau, der auf Ihre Kosten entstanden ist und wieder abgerissen werden muss. Sie können in einem solchen Fall versuchen, sich bei Ihrer Firma oder Ihrem Planer schadlos zu halten – respektive deren Haftpflichtversicherungen, deren Anwälte aber besonders geübt sind im Abwehren solcher Ansprüche.

Baumängel und Abnahme: Was tun bei Pfusch und Pannen?

Ein neues Heim ganz ohne Mängel gibt es fast nie. Es gilt Murphys Gesetz: Was immer schief gehen kann, geht auch irgendwo schief. Das kann allzu sorglose Bauherren ruinieren, sollte aber niemanden vom Hausbau abschrecken: Gegen die meisten Risiken kann man sich schützen.

Präzise Planung

Die Vorsorge gegen Pfusch und Pannen beginnt mit einer präzisen Planung. Diese hilft vor allem, unvorhergesehene Kosten so weit wie möglich zu begrenzen. Die Arbeitsgemeinschaft der Verbraucherverbände untersuchte vor einigen Jahren 43 Angebote und stellte fest: „Bei allen untersuchten Haustypen kommen zusätzliche Kosten hinzu. In vielen Fällen sind nicht einmal die Gebäudekosten vollständig im Festpreis enthalten, geschweige denn alle Planungsleistungen, die Kosten für das Errichten der Baustelle oder die öffentliche Erschließung." Da kaum ein Bauherr alle denkbaren Kosten-Posten kennt, ist professioneller Rat vonnöten, den zum Beispiel die bereits genannte Musterbaubeschreibung der Verbraucherverbände (siehe Seite 132) gibt.

Vertragsprüfung

Ist ein Vertrag nebst Leistungsbeschreibung unterschriftsreif, sollte ihn vor der Unterschrift ein unabhängiger Architekt, Bauingenieur oder -berater oder ein Fachverein gründlich prüfen. Der Beratung von Bauherren haben sich mehrere solcher Vereine verschrieben, die Experten für alle Fälle vermitteln, etwa der Verband Wohneigentum, der Bauherren-Schutzbund und der Verband privater Bauherren e.V. (Adressen siehe Seite 149f). Honorar oder Vereinsbeitrag sind gut investiert. Ihr Berater sollte bei der Prüfung nicht nur auf Vollständigkeit achten, sondern auch auf technisch korrekte und durchdachte Pläne. An rund 40 Prozent aller Bauschäden sind Planungsfehler und mangelnde Voruntersuchungen schuld, stellte einmal die Bundesregierung in einem „Bauschadensbericht“ fest.

Legen die Handwerker los, kann ebenso viel schief gehen. Und zahlreiche Fehler am Rohbau, an Installationen und Haustechnik sind durch den Weiterbau rasch getarnt, wenn der Bauherr nicht aufpasst. Auch wenn die beauftragten Bauleute noch so solide wirken, sind in der Innenausbau-Phase häufige Baustellenbesuch für angehende Hausbesitzer oder ihre Architekten Pflicht. Ein Profi sollte mindestens nach jeder größeren Etappe vor Ort prüfen.

Prüfung vor Ort

Augen auf bei der Bauabnahme

Gewährleistungsfrist

Ein besonders wichtiger Termin ist die Bauabnahme, nach der die Gewährleistungsfrist beginnt und der Bauherr für alles zahlen muss, was er bis jetzt nicht beanstandet hat. Auf diese Abnahme sollte er drängen, wenn der Bauunternehmen sie nicht selbst terminiert. Wer ohne Bauabnahme einfach einzieht, hat das Haus „stillschweigend abgenommen“ – und Pfusch akzeptiert. Gehen Sie am besten schon vor der Abnahme einmal durchs Haus, gucken Sie überall genau hin und notieren Sie alle Schäden. Zur Abnahme selbst nehmen Sie eine Kamera und eine starke Lampe für die dunklen Stellen mit. Bei „unwesentlichen Mängeln“ können Sie als Bauherr nicht mehr wie früher einfach die Abnahme verweigern. Sie können jedoch zunächst das Dreifache dessen zurückhalten, was die Behebung des Mangels voraussichtlich kostet. Im **Mängelprotokoll** muss auch vermerkt sein, dass Sie eventuell einen Anspruch wegen Terminverzugs gegen den Unternehmer erheben.

Gutachter

Gibt es Streit zwischen Bauherrn und Bauträger, kommt ein unabhängiger Gutachter ins Haus. Erkennt dieser keinen Mangel, schreibt er eine **Fertigstellungsbescheinigung**. Sie gilt der Baufirma als Abnahme – der Kunde muss zahlen.

ÜBERSICHT

Typische Mängel (nach Häufigkeit)

Bauteile	Typische Schäden	Ursache(n)
Keller und Sockelmauerwerk	Feuchtigkeitsbildung	Fehlende oder mangelhafte Horizontalsperre, schadhafte Drainage
Holzständerwerk	Durchfeuchtung	Verarbeitung von nicht lange genug abgelagertem Holz
Holzbalkendecken	Mangelhafter Schallschutz	Geringer Widerstand gegen Schalldruck
Fassaden	Risse, Putzablösung, Belagbildung	Schlechte Verarbeitung, Kombination verschiedener systemfremder Teile
Fenster	Tauwasserbildung an den Glasinnenseiten, Zugerscheinungen	Falsches oder mangelhaftes Belüften der Räume während des Baus
Dach	Undichtigkeiten	Fehlerhafte Verarbeitung: Folienschäden in der Unterspannbahn oder Dampfsperre
Balkon	„Tropfsteinbildung" (bei Beton) und Durchfeuchtungen	Falsche Zementmischung, Isolationsmängel, Witterungseinflüsse, zu geringes Gefälle
Schornstein	Versottung, Durchfeuchtung, Rissebildung (sollte bei neuen Kaminen nicht auftreten)	Fehler in der Berechnung des Kaminquerschnitts, Alterungserscheinungen

Quelle: Wüstenrot

Zahlungsaufforderung

Schickt ein Handwerker eine berechtigte Zahlungsaufforderung, ist das Geld ohne Mahnung binnen 30 Tagen fällig. Ansonsten drohen Verzugszinsen, die sich nach jenen auf dem Kapitalmarkt richten. Auch müssen Handwerker mit ihrer Rechnung nicht bis zur Vollendung der Arbeit warten, sondern können Abschlagszahlungen für „in sich geschlossene Teile des Werks" verlangen.

Wenn schon während der Bauzeit Mängel sichtbar werden, muss der Bauherr die vereinbarten Raten zunächst trotzdem zahlen. Erst bei der Abnahme kann er Geld zurückhalten. Das nützt jedoch wenig, wenn zum Beispiel nur noch fünf Prozent der Baukosten offen sind, aber zwanzig Prozent zur Behebung der Schäden nötig wären. Treten Mängel erst nach der Abnahme auf, kommt es auf die vereinbarte **Gewährleistungsfrist** an. Die gesetzliche Frist beträgt fünf Jahre und kann in Verträgen nicht verkürzt werden. Bei Neubauten kann zudem im Vertrag nicht festgelegt werden, dass irgendwelche Gewährleistungs-Ansprüche später ausgeschlossen sind.

CHECKLISTE

In das **Abnahmeprotokoll** gehören

- Datum
- Hausadresse
- bei der Abnahme Anwesende
- Unterschriften aller Beteiligten; weigert sich einer wegen eines bezweifelten Mangels, brauchen Sie einen neutralen Zeugen.
- die festgestellten Mängel, die so genau wie möglich beschrieben sein sollten
- Stände der Strom-, Wasser- und Gaszähler

Notwendige Versicherungen für Baustelle und Haus

Wichtige Versicherungen

Auch Versicherungen können viele Risiken beim Bauen mindern. Eine **Grundstücks-Haftpflichtversicherung** gilt, solange das Grundstück noch unbebaut ist und ein Dritter hier zu Schaden kommt, solange der Bau noch nicht begonnen ist. Eine **Bauherren-Haftpflichtersicherung** springt bei Schäden ein, die vorbeigehende Passanten oder vor dem Haus aufgestellte Autos erleiden. Diese Versicherung müssen Sie abschließen. Sie gilt für die Bauzeit und kostet im Durchschnitt etwa 0,06

Prozent der Bausumme: für ein 100.000-Euro-Objekt also 60 Euro. Die **Bauleistungsversicherung** gleicht Schäden aus, die vor Fertigstellung am Haus entstehen. Eine **Unfallversicherung** brauchen Sie für private Bekannte und Verwandte, die Sie am Bau unterstützen. All diese Helfer müssen Sie bei der Berufsgenossenschaft der Bauwirtschaft anmelden.

Rechtsschutzversicherungen erübrigen sich dagegen: Sie zahlen bei Bau-Streitigkeiten nicht. Dagegen kommt nach Fertigstellung Ihre **Haftpflichtversicherung** für Schäden auf, deren Ursache in Ihrem Haus liegt – vom glatten Vorgartenweg bis zum herab fallenden Ziegel. Schäden aus grober Fahrlässigkeit sind natürlich nicht abgedeckt. Wenn das Haus fertig ist, hilft schließlich die **Wohngebäude-Versicherung** bei Feuer, Blitz, Sturm, Hagel und weiteren Katastrophen. Aber lesen Sie vor dem Abschluss die Versicherungsbedingungen. Fast jeder Tarif deckt unterschiedliche Schäden ab und sieht andere Summen vor.

Achtung!

Ein anderes Thema ist die **Elementarschaden-Versicherung**. Sie kommt bei Überschwemmungen, Erdbeben, Lawinen und Erdrutschen auf – oder auch nicht. Vor allem bei Fluten sind die Versicherungsprämien extrem hoch oder die Bedingungen sehr streng. Zum Beispiel darf in einem Überschwemmungsgebiet ein Haus zehn Jahre lang keinen Schaden erlitten haben. Aber wo morgen Fluten drohen, gab es meist schon gestern welche.

Weitere Informationen

- **Rat und Hilfe für Bauherren**

Bauherren-Schutzbund e. V.
Kleine Alexanderstraße 9–10
10178 Berlin
Tel. 030/3128001
Fax 030/31507211
E-Mail: office@bsb-ev.de
www.bsb-ev.de

Verband Wohneigentum e.V.
Oberer Lindweg 2
53129 Bonn
Tel. 0228/60468-20
Fax 0228/60468-25
E-Mail: Bund@Verband-Wohneigentum.de
www.verband-wohneigentum.de

wohnen im eigentum. die wohneigentümer e.V.
Thomas-Mann-Straße 5
53111 Bonn
Tel. 0228/721 58 61
Fax 0228/721 58 73
E-Mail: info@wohnen-im-eigentum.de
www.wohnen-im-eigentum.de

- **Bauversicherungen suchen**

www.bauversicherungs-vergleich.de
www.vergleichen-und-sparen.de → Bauversicherungen

- **Helfer anmelden**

BG BAU – Berufsgenossenschaft der Bauwirtschaft
Hildegardstraße 29/30
10715 Berlin
Tel. 030/85781-0
Fax 030/85781-500
E-Mail: info@bgbau.de
www.bgbau.de

KAPITEL 10

Entspannt einziehen – das Eigentum pflegen

Bald ist Ihr Haus fertig, und Sie können einziehen. Der Countdown will sorgsam geplant sein:

Mindestens drei Monate vorher

- Kündigen Sie den Mietvertrag (oft noch eher).
- Suchen Sie neue Möbel aus und bestellen Sie sie.

Sechs Wochen vorher

- Klären Sie die Frage: Selbst schleppen oder eine Spedition nehmen? Der Autor dieses Buchs ist nach einem Dutzend eigener Umzüge der Ansicht: Wenn Sie mehr Geld, mehr Möbel und mehr Jahre auf dem Buckel haben als ein Student, nehmen Sie auf jeden Fall eine Spedition. Der Selbstumzug ist nur scheinbar billig: Er kostet Sie nicht nur die Miete für den Kleinlaster, sondern auch Nerven und ein paar bisherige Freunde. Er bringt Ihnen hinterher einen Haufen Kartons, Schäden an Wänden, Möbeln und vor allem an Ihrer Wirbelsäule. Holen Sie also Angebote dreier Spediteure ins Haus, die sich möglichst nicht kennen und absprechen, und handeln Sie den Günstigsten noch um zehn Prozent herunter. Das dann noch fällige Geld ist bestens investiert. Spedition

Einen Monat vorher

- Überlegen Sie, wem Sie Ihre neue Adresse mitteilen müssen – von der Krankenkasse über die GEZ bis zur Musikschule.
- Leeren Sie nach und nach Kühltruhe oder Gefrierfach.

- Nehmen Sie Urlaub für den Umzugstag, am besten auch für den Tag danach.
- Bestellen Sie Handwerker für die Renovierung der alten Wohnung.

Zwei Wochen vorher

Kartons

- Organisieren Sie Kartons und Verpackungen, falls der Spediteur es nicht tut.
- Informieren Sie Strom-, Wasser- und Gaslieferanten und vereinbarten Sie einen Termin für das Ablesen.

Eine Woche vorher

- Geben Sie im Grundriss Ihres neuen Hauses jedem Zimmer eine Nummer und kopieren Sie den Grundriss zehnmal. Später packen Sie Ihre Kartons nach dem Zielzimmer, nummerieren sie entsprechend und drücken Sie jedem Kartonschlepper einen in die Hand.
- Bestätigen Sie bei Handwerkern, die die alte Wohnung renovieren sollen, den Termin.

Einen Tag vorher

- Kaufen Sie Brot und Belag, Obst, Getränke, Schokolade.
- Legen Sie Wechselkleidung beiseite.

Umzugstag

Strom-ablesen

- Falls noch kein Ableser für Strom, Wasser oder Gas kommt, lesen Sie beim Verlassen der alten Wohnung selbst ab.
- Machen Sie immer mal kurze Pausen und atmen Sie tief durch. Und freuen Sie sich, dass ein neuer Wohn- und Lebensabschnitt beginnt!

Das Eigentum pflegen: gute Taten fürs Vermögen

„Nach dem Spiel ist vor dem Spiel" lautet eine alte Fußballweisheit. Das gleiche gilt auch fürs Bauen: Ist das Haus fertig gestellt oder modernisiert, beginnt bald die nächste Bau-Runde. Denn so sorgfältig und solide es gebaut sein mag, altert es doch. Hier gilt aber die Regel: Je eher Sie bei Verschleiß und Schäden eingreifen, desto günstiger wird die Reparatur. Deshalb sollten Sie routinemäßig alle zwei bis drei Jahre Ihr Haus überprüfen, rät der Interessenverband Wohneigentümer e.V.

ACHTUNG

Knackpunkte – Wo Häuser rasch verschleißen können

- Im Keller und am Sockel sollten Sie besonders auf feuchte Fußböden, Innen- und Außenwandflecken achten, auf Salzausblühungen, die wie weiße Wattewölkchen aussehen, auf abgeplatzten Putz, Risse und undichte Fenster
- Auch bei Fassade und Außenwänden sind Risse, abgeplatzter Putz, feuchte Wandstellen und schwarze Schimmelflecke im Inneren Alarmzeichen, ebenso Schäden an der Wärmedämmung.
- Türen und Fenster bedürfen der Pflege, wenn die Rahmen verzogen sind, wenn die Beschläge schwergängig sind, der Anstrich abgeplatzt oder rissig ist oder wenn es durch geschlossene Fenster spürbar zieht.
- Bei Fußböden und Decken achten Sie besonders auf gerissene Fliesen oder Fugen und auf durchgetretene knarrende Holzdielen.
- Am Dach sollten Rinnen und Fallrohre nicht leck und schon gar nicht verstopft sein. Schadhafte Dächer gefährden die Bausubstanz durch eintretendes Wasser. Auch versottene, geschwärzte Schornsteine tun nicht gut.

Quelle: Wohneingentümer e.V.

Inspektion des Hauses

Alle fünf bis zehn Jahre sollte ein Profi das Haus inspizieren, zum Beispiel Ihr Architekt oder ein Ingenieur. Das kostet zwar Geld, aber bedenken Sie: Es geht um einen Wertgegenstand von 100.000, 200.000 oder gar 300.000 Euro. Um diesen Wert zu sichern, sind ein paar hundert Euro alle paar Jahre wenig und gut angelegtes Geld. Ist Ihr Inspektor ein technisch fitter und am Leben im Haus interessierter Architekt, kann er Ihnen auch Hinweise zur Nutzung und zu möglichen Baumaßnahmen geben, zu neuen Förderungen und Produkten. Dadurch gewinnen Sie Ihrem Haus vielleicht noch mehr Lebensqualität ab oder Sie steigern seinen Verkaufswert. Mögliche Projekte sind die Neubelegung von Zimmern oder gar ihre Neukonstruktion durch veränderte Grundrisse, der Ausbau von Dachgeschoss oder Keller, ein neuer Wintergarten oder Erker. Wenn zum Beispiel die Kinder ausgezogen sind, können Sie Wände einreißen, um Ihr Haus im Inneren zu vergrößern. Haben Sie Zuwachs im Haushalt, können Sie dagegen anbauen oder vielleicht auch aufstocken. Viele Einfamilienhäuser lassen sich auch in mehrere Wohnungen aufteilen oder neuen Lebensgewohnheiten anpassen.

TIPP

Die immer mal fälligen Reparaturen, die größeren Instandsetzungen und die ganz großen Um- und Ausbauten wollen natürlich finanziert sein. Hierfür müssen Sie rechtzeitig sparen – bei gut erhaltenen Häusern mindestens 50 Cent pro Quadratmeter und Monat, bei anderen womöglich das Doppelte. Das Geld sichern Sie am besten auf einem eigenen Konto, damit es nicht für Urlaub oder Auto verschwindet.

Zeichnet sich in einigen Jahren ein Großprojekt wie etwa ein Anbau, neuer Wandputz oder ein neues Dach ab, kommt eventuell ein Bausparvertrag in Frage. Denn viele Banken vergeben keine Hypothekenkredite unterhalb bestimmter Summen – oft läuft nichts unter 50.000 Euro. Und wenn sie es doch tun, dann nur zu deutlich erhöhten Zinsen. Einige Banken bieten jedoch neuerdings „Wohnkredite“ für Modernisierungen und Reparaturen zu relativ günstigen Konditionen, teils sogar ohne Grundbuch-Absicherung und mit Sondertilgungsrechten für ihre Kunden, etwa die ING-DiBa und die Berliner Bank. Googlen Sie einfach das Wort „Wohnkredit“. Und anders als für das Bauspardarlehen muss man nicht vorher jahrelang ansparen.

TIPP

Mit Handwerkern Steuern sparen

Handwerksarbeiten am Eigenheim zählen zu den „haushaltsnahen Dienstleistungen“, mit denen Eigenheimbesitzer Steuern sparen können. 20 Prozent der Arbeitskosten (jedoch nicht der Materialkosten!) erstattet das Finanzamt, allerdings höchstens 1.200 Euro. Dafür muss der Handwerker eine schriftliche Rechnung legen, bei der Arbeits- und Materialkosten separat ausgewiesen sind. Und das Geld darf nicht bar bezahlt, sondern muss auf sein Konto überwiesen werden. Das Finanzamt kann einen Kontoauszug verlangen – eine Quittung reicht nicht.

Weitere Informationen

- **Tipps und Hilfen rund um den Umzug**

www.umzug.de

www.umzug.info

www.ummelden.de

www.haus-blick.de → Service → Einzug ins neue Heim

www.meldebox.de

Stichwortverzeichnis

Abnahme 145 f
Altersgerecht bauen 44, 101 f
Architekten 116 ff, 131
Architekturstil 92
Atriumhäuser 56
Auflassungsvormerkung 105
Bankkredit s. Darlehen
Barrierefreiheit 44, 101 f
Bauabnahme 145 f
Bauantrag 144
Bauanzeige 143
Baubeschreibung 130, 133
Baubetreuer 121, 131
Baugenehmigung 143
Baukosten senken 81, 117 f, 141 ff
Bauland s. Grundstücke
Baulückenparagraf 66 f
Bauordnungen der Länder 144
Baurichtmaße 142
Bausparen 32 ff
Baustoffe 135 ff
Bauträger 122 ff, 131
Bauvertrag 124 ff, 130 ff
Bebauungsplan 66 ff
Besichtigung 83
Bodenrichtwertkarte 64
Bürgschaften 125
Dämmung 96
Darlehen 21 ff
Denkmale 81 f
Doppelhäuser 53 f
Effektivzins 27
Eigenkapital 20 f
Eigenleistung 137 ff
Einbruchschutz 99 f
Energiepass 86
Energiespar-Förderung 44
Energieverbrauch 82 f, 86, 94 ff
EnEv 82, 95, 125
Erbpacht 58 f
Exposé 70 f
Fertighäuser 127 ff
Finanzierung 19 ff
Flächennutzungsplan 65
Förderung durch Länder 45
Freistehende Häuser 51 f
Gebrauchthäuser 50, 77 f
Generalübernehmer 122, 131
Generalunternehmer 122, 131
Gerüche 86
Geschossflächenzahl 67
Gewährleistung 148
Gewährleistungsbürgschaft 125
Gifte 80, 131
Grundbuch 106
Grundbuchamt 109
Grunddienstbarkeiten 106
Grunderwerbsteuer 109
Grundriss 57 ff, 85
Grundstücke 58 f, 70 f, 70
Grundstücksmarktbericht 64
Gutachten 87

Haushaltsnahe Dienstleistungen 155
HOAI 118, 121
Holzhäuser 136
Hypothekendarlehen s. Darlehen
Internet-Immobilienbörsen 88
Internet-Kreditvermittler 30 ff
Kalksandstein 135
Kaufvertrag 107 f
Keller 142 f
KfW 43 ff
Kreditvermittler 30 ff
Lage 60 f
LBO 144
Leistungsbeschreibung 131
MaBV 125
Makler 73 ff
Mängel (Gebrauchthaus) 85, 107,
Mietspiegel 65
Muskelhypothek 137
Nebenkosten (Erwerb) 109
Nebenkosten (Kredit) 28
Niedrigenergiehäuser 97
Nominalzins 27
Notar 104 ff
Notar-Anderkonto 106
Nutzen und Lasten 109
Passivhäuser 97
Reihenhäuser 53 f
Rückabwicklung 108
Rücktrittsrecht (Kauf) 107
Sachverständige 79, 87
Sachwertverfahren 79
Sanierungsgebiet 82
Selbsthilfe 137 ff
Sicherheit 99 f
Sondertilgung 28
Split-Level-Häuser 56
Standardmaße 142
Stein 145 f
Suche 60 ff
Terminverzug 130
Tilgung 20 ff
Townhäuser 55
Umbau 78, 93 f
Umzug 151 ff
Versicherungen 149
Vertrag (Bauträger) 124 ff, 130 ff
Vertrag (Kauf) 107 ff
VOB 120
Vorkaufsrecht (Grundbuch) 106
Wärmedämmung 96
Wohn-Riester 41 ff
Wohnumfeld 62 f
Ziegel 135
Zinsen senken 26
Zwangsversteigerung 110 ff

Weitere Titel

- Andrea Westhoff/Justin Westhoff

Ihre Rechte als Kassenpatient
Wie Sie auch als gesetzlich Versicherter von Ärzten und Kassen bekommen, was Ihnen zusteht.
ISBN 978-3-7093-0295-8
2010, 160 Seiten
EUR 9,90 (D)/EUR 10,20 (A)

- Agnes Fischl/Bernhard F. Klinger/Michael Lettl

Das Testament
Konkrete Anleitungen für alle Lebensmodelle – vom Single bis zur Patchwork-Familie. Wie Sie Streit vermeiden und Steuern sparen.
ISBN 978-3-7093-0264-4
2009, 168 Seiten
EUR 9,90 (D)/EUR 10,20 (A)

- Sven Klinger/Joachim Mohr/Wolfgang Roth/Johannes Schulte

Patientenverfügung und Vorsorgevollmacht
Was Ärzte und Bevollmächtigte für Sie in einem Notfall tun sollten. Was die Neuregelung für Sie konkret bedeutet.
ISBN 978-3-7093-0289-7
2. Auflage 2009, 156 Seiten
EUR 9,90 (D)/EUR 10,20 (A)

- Michael Schröder

Scheidung – aber fair
Sorgerecht – Unterhalt – Umgangsrecht . Es geht auch friedlich, wenn die Vernunft siegt.
ISBN 978-3-7093-0272-9
2. Auflage 2009, 176 Seiten
EUR 9,90 (D)/EUR 10,20 (A)

- Andreas Heiber

Die neue Pflegeversicherung
Der Antrag – die Pflegestufen – die Leistungen: Ihre neuen Möglichkeiten und Chancen
ISBN 978-3-7093-0237-8
2008, 192 Seiten
EUR 9,90 (D)/EUR 10,20 (A)

- Astrid Congiu-Wehle/Joachim Mohr

Das neue Unterhaltsrecht
Wie viel bekomme ich? Wie viel muss ich zahlen?
ISBN 978-3-7093-0229-3
2008, 168 Seiten
EUR 9,90 (D)/EUR 10,20 (A)

- Karin Spitra/Ulf Weigelt

Ihr Recht als Arbeitnehmer
Vom Vorstellungsgespräch bis zur Kündigung – was darf der Chef?
ISBN 978-3-7093-0218-7
2008, 192 Seiten
EUR 9,90 (D)/EUR 10,20 (A)

- Tibet Neusel/Sigrid Beyer/Kathrin Arrocha

Immobilienkauf
Haus oder Wohnung – Alles über Finanzierung, Recht und Steuern
ISBN 978-3-7093-0195-1
2008, 190 Seiten
EUR 9,90 (D)/EUR 10,20 (A)

- Armin Abele/ Bernhard Klinger/ Thomas Maulbetsch/ Joachim Müller

Partnerschaft ohne Trauschein
Alle wichtigen Rechtsfragen
ISBN 978-3-7093-0096-1
2007, 184 Seiten
EUR 9,90 (D)/EUR 10,20 (A)

- Frank Donovitz/Joachim Reuter/Lorenz Wolf-Doettinchem

Das 1x1 der Altersvorsorge
In sechs Schritten zu mehr Wohlstand in der Rente
ISBN 978-3-7093-0150-0
2007, 152 Seiten
EUR 9,90 (D)/EUR 10,20 (A)

- Wolfgang Jüngst/Matthias Nick

Arbeiten und Leben im Ausland
Auswandern oder Überwintern: alle wichtigen Informationen. Mit 10 Länderkapiteln von Schweiz bis USA.
ISBN 978-3-7093-0214-9
EUR 9,90 (D)/EUR 10,20 (A)

- Andrea Erdmann/Andreas Kobschätzky

Erfolgreich bewerben
Von der systematischen Vorbereitung zum souveränen Bewerbungsgespräch und fairen Arbeitsvertrag
ISBN 978-3-7093-0187-6
2008, 176 Seiten
EUR 9,90 (D)/EUR 10,20 (A)

- Hans-Herbert Holzamer

Optimales Wohnen und Leben im Alter
Alle Wohnformen im Überblick – alle staatlichen Förderungen – Checklisten und Adressen
ISBN 978-3-7093-0196-8
2008, 176 Seiten
EUR 9,90 (D)/EUR 10,20 (A)

- Ralph Jürgen Bährle/Susanne Hartmann

Nebenjobs
Minijobs und die 400-Euro-Regel – Ein Wegweiser zum sicheren Zusatzverdienst
ISBN 978-3-7093-0139-5
2007, 160 Seiten
EUR 9,90 (D)/EUR 10,20 (A)